POR QUE FAZEMOS EVENTOS?

Catalogação na Fonte
Elaborado por: Dayanne Leal Souza
Bibliotecária CRB 9/2162

B238p
2025

Barbosa, Felipe
Por que fazemos eventos? / Felipe Barbosa. - 1. ed. - Curitiba: Appris, 2025.
115 p. ; 21 cm.

ISBN 978-65-250-8388-9

1. Eventos. 2. Festas. 3. Celebrações. I. Barbosa, Felipe. II. Título.

CDD - 800

Editora e Livraria Appris Ltda.
Av. Manoel Ribas, 2265 - Mercês
Curitiba/PR - CEP: 80810-002
Tel. (41) 3156 - 4731
www.editoraappris.com.br

Printed in Brazil
Impresso no Brasil

Felipe Barbosa

POR QUE FAZEMOS EVENTOS?

artêra
editorial
Curitiba, PR
2025

FICHA TÉCNICA

EDITORIAL	Augusto V. de A. Coelho Sara C. de Andrade Coelho
COMITÊ EDITORIAL	Ana El Achkar (Universo/RJ) Andréa Barbosa Gouveia (UFPR) Jacques de Lima Ferreira (UNOESC) Marília Andrade Torales Campos (UFPR) Patrícia L. Torres (PUCPR) Roberta Ecleide Kelly (NEPE) Toni Reis (UP)
CONSULTORES	Luiz Carlos Oliveira Maria Tereza R. Pahl Marli C. de Andrade
SUPERVISORA EDITORIAL	Renata C. Lopes
REVISÃO	José Ramos
PROJETO GRÁFICO	Renata Miccelli
ILUSTRAÇÕES	Aquarelas desenvolvidas por Aline Folha
REVISÃO DE PROVA	Lavínia Albuquerque

À minha ancestralidade nordestina, que enfrentou a seca, a fome, a miséria e a invisibilidade social no sertão do Ceará — essa força ancestral corre em minhas veias, pulsa em cada palavra deste livro.

Este livro nasce para honrar, sobretudo, Áurea de Moura Alencar Barbosa, minha avó paterna, mulher forte, da linhagem de José de Alencar, o homem que eternizou em sua obra A Seca, de 1877, a dor e a resistência de um povo. Quando José escreveu:

"A terra estalava em gemidos, o sol queimava impiedoso, e os olhos da mãe choravam lágrimas secas sobre o filho morto",

ele falava do que minha família viveu. Ele falava de Áurea, de seus pais, de meus bisavós, que atravessaram o sertão sem água, sem pão, sem amparo, e ainda assim sobreviveram.

Áurea foi minha primeira professora de literatura. Sentada na cadeira de balanço, ela contava as histórias de nossa família — histórias de dor, de coragem, de recomeço. Ela me ensinou que fazer eventos não é sobre status, não é sobre poder: é sobre criar memórias que atravessam gerações, é sobre eternizar a história de quem celebra, é sobre honrar a vida.

Este livro é Áurea.

Este livro é nós.

AGRADECIMENTOS

Meu agradecimento profundo vai para minha sobrinha, Sara,
flor rara que Deus colocou no meu jardim de afetos,
estrela pequena e imensa que ilumina caminhos
mesmo quando a estrada parece escura.

Sua presença chegou como um sopro manso,
mas foi como um tambor batendo no meu peito,
acordando memórias que eu havia esquecido de sentir.
Foi olhando para você que reencontrei
a pureza da minha criança interior,
essa parte de mim que sabia sorrir com o corpo inteiro,
que chorava sem vergonha,
que acreditava que o amor era simples e eterno.

Você me devolveu o encantamento,
me fez perceber que nascer não é apenas chegar ao mundo:
é inaugurar um milagre.
E que todo nascimento é, talvez,
o maior e mais sagrado evento que a vida nos permite viver.

A você, minha pequena,
ofereço não apenas este agradecimento,
mas um pedaço da minha alma,
porque cada palavra que escrevo
também carrega o reflexo da sua luz.

Você é aurora e pôr do sol, é raiz e é asa.
Brilhará por onde quer que seu tio caminhe,
porque não existe distância que separe
quem vive dentro do coração.

E você, minha Sara,
vive em mim, para sempre.

CRÍTICA

Há livros que informam, há livros que encantam, e há livros que curam. Por que fazemos eventos pertence a esta última linhagem. Escrito com a alma escancarada, com palavras que dançam entre a dor e a beleza, Felipe Barbosa nos entrega não um manual técnico, mas um verdadeiro testemunho de reconstrução afetiva, onde a celebração assume seu lugar como linguagem ancestral de resistência, pertencimento e cura.

O autor, não se limita a contar sua história: ele a transforma em potência simbólica. Cada capítulo revela, com sensibilidade extrema, como o menino ferido encontrou nas flores, nas cores, nas músicas e nas festas o caminho para não sucumbir. Felipe não organizava eventos apenas: ele organizava a própria alma. Reunia suas experiencias e as transformava em cerimônias de vida. A festa, que poderia parecer supérflua aos olhos desatentos, é apresentada aqui como ato profundamente humano, como gesto político de afirmação de identidade e como rito de passagem para o amor-próprio.

Sua escrita, profundamente sensorial, nos transporta para dentro da dor, mas, sobretudo, para além dela. A cada página, entendemos que este livro não é sobre flores, balões ou decoração: é sobre esperança, ancestralidade e ressignificação. Felipe nos ensina que um evento é o que há de mais sério: é quando o tempo se suspende e as emoções se encontram. Não à toa, ele convoca a história de sua avó, Áurea, mulher do sertão cearense, descendente de José de Alencar, para mostrar que a celebração é herança dos que sobreviveram à seca, à fome e à invisibilidade. O menino das bandeirinhas do São João virou o homem que honra seus antepassados com beleza viva.

Mas Felipe também fala com o Brasil. Denuncia a falta de reconhecimento da profissão de cerimonialista, sonha com uma graduação específica, reivindica que o ato de celebrar não seja tratado como luxo, mas como cultura e saúde emocional. Ele pede respeito, não só para sua trajetória, mas para todos os profissionais que, nos bastidores dos eventos, sustentam sonhos alheios com arte e suor.

É impossível sair ileso desta leitura. Por que fazemos eventos é um livro para profissionais da área, sim, mas é sobretudo para os que carregam cicatrizes invisíveis e ainda assim insistem em florescer. Ao transformar trauma em celebração, Felipe não só se cura, ele nos cura. Ele nos lembra que, mesmo atravessados pela dor, podemos continuar sendo amor. E isso é o que há de mais revolucionário.

Sandra Barilli

@sandrabarillipsicologa

Psicóloga, psicanalista, neurocientista. Escritora e admiradora do trabalho do escritor Felipe Barbosa.

PREFÁCIO

POR QUE FAZEMOS EVENTOS?

"Celebrar é um ato de curar."

Essa frase, dita com simplicidade por Felipe Barbosa, carrega em si uma verdade ancestral e um poder transformador. Ao longo da história da humanidade, os momentos de celebração foram — e ainda são — pontos de virada. Marcos. Rituais. Espaços sagrados onde o humano toca o divino, e o invisível se manifesta com força e coragem.

O que poucos compreendem é que os Eventos não são apenas uma união de pessoas, som, luz, palco e comida. Eventos verdadeiros são campos emocionais compartilhados. São territórios onde as emoções se movem, onde a verdade aparece, onde o corpo se alinha com a alma, e onde o coração pode, enfim, respirar em paz.

Felipe Barbosa é mais do que um empresário de eventos. Ele é um arquiteto de emoções. Um alquimista moderno que mistura beleza, precisão, intuição e técnica para criar experiências que tocam profundamente. Ele não organiza festas. Ele facilita curas, a partir de cada Emoção provocada.

Em seus eventos, nada está ali por acaso. Cada detalhe — da flor à luz, da música ao menu, do aroma no ar à textura dos materiais — tudo é pensado para ativar os cinco sentidos humanos. Mas o que torna sua obra tão rara é que ele não para aí. Felipe vai além. Ele desperta o sexto sentido: o do significado.

E quando os sentidos são ativados em harmonia, algo mágico acontece: o ser humano sente. E ao sentir, ele transforma. Um cheiro pode resgatar uma infância esquecida. Uma música pode liberar uma lágrima contida há anos. Uma luz suave pode aquecer o frio de uma ausência sentida até hoje. Um abraço permitido no momento certo, pode romper a barreira de uma vida inteira.

É por isso que tantos saem de seus eventos dizendo: "algo mudou em mim". Porque mudou mesmo. O invisível se moveu. A emoção foi tocada. A dor foi vista. E a alegria teve espaço para voltar à cena.

Não é sobre a festa. É sobre o reencontro com a própria essência... é sobre cura.

Nesta obra-prima, Felipe revela o que há por trás das cortinas. Não a cortina do palco, mas a cortina da consciência. Ele compartilha os bastidores do seu porquê, seus bastidores emocionais, espirituais e humanos que fazem do seu trabalho algo tão singular e necessário neste momento da Humanidade.

Você vai perceber, página após página, que fazer eventos é, para ele, um Propósito de Vida. Um Legado. Um chamado profundo para devolver às pessoas aquilo que elas nem sabiam que tinham perdido: o direito de sentir! De comemorar a vida com a verdade. De se reunir com presença. De se permitir ser vulnerável, mesmo em meio às luzes, às taças e aos aplausos.

Em um mundo cada vez mais anestesiado, onde a pressa e a superficialidade imperam, ***celebrar*** se tornou um ato de resistência, e reconexão. E Felipe, com coragem e força, nos ensina que cada Evento é uma oportunidade de criar memórias que jamais apagarão. De criar vínculos que não quebram. De construir momentos que não cabem em fotos, mas vivem para sempre no coração.

Finalizo lembrando que "Celebrar é um ato de curar".

E se você tiver sensibilidade ao ler estas páginas, perceberá que Felipe não escreveu um livro. Ele abriu uma porta para a Eternidade!

Rodrigo Fonseca

Presidente da Sociedade Brasileira de Inteligência Emocional

SUMÁRIO

– INTRODUÇÃO –

QUANDO CELEBRAR É A ÚNICA SAÍDA

Eu nunca soube que minha vida era um chamado. Na verdade, eu só queria encontrar uma forma de sobreviver ao caos. Eu era só um menino, um menino que sonhava com flores, com contos de fadas, com uma mesa bem posta, com uma casa cheia de música e cheiro de bolo no forno.

Mas a vida parecia não me permitir isso. Meu pai dizia que eu era "fresco", que homem não gostava de flor, que festa era coisa de mulher, que quem fazia bolo era mulher. E eu cresci achando que havia algo de errado comigo.

Só que, mesmo assim, mesmo com os gritos, as broncas e até as surras, eu continuava. Eu continuava a buscar o belo, a sonhar com festas, a montar minhas escolinhas, meus desfiles de rua, minhas quadrilhas. Porque, de alguma forma, aquilo era o que me curava.

Este livro não é sobre técnicas. Não é sobre como organizar uma festa. É sobre a minha vida, como eu sobrevivi celebrando e como me tornei uma referência nacional dentro do mercado de festas de luxo do Brasil.

– CAPÍTULO I –

UM MENINO CHAMADO BELEZA

Eu sempre soube que havia algo de diferente em mim.

Não porque eu escolhi ser diferente. Não porque alguém me disse que eu era especial.

Mas porque, mesmo quando o mundo gritava para eu ser de um jeito, o meu coração batia em outro ritmo.

Era como se eu fosse feito de um material mais frágil, mais sensível, mais bonito, talvez.

Eu não sabia o que era ser "homem".

Eu só sabia o que era sentir.

Sentir as flores no campo. Sentir o cheiro do mato molhado. Sentir o toque das folhas nas minhas mãos pequenas de menino.

Sentir alegria quando eu pegava um galho caído e imaginava que ele era um cetro de rei.

Ou quando eu montava casinhas no quintal da minha avó, com pedaços de madeira, folhas e papelão.

Eu queria transformar tudo.

Eu queria que o mundo fosse mais bonito.

Mais gentil.

Mais sensível.

No entanto, meu pai não queria.

Ele dizia que homem não brinca com flor.

Que homem não chora.

Que homem não canta música de mulher.

Que homem não se encosta demais na mãe.

Que homem não gosta de cor-de-rosa.

Que homem não arruma mesa de bolo.

Que homem não se preocupa com cheiro de vela, nem com posição de talher.

Eu ouvia isso e sentia que tinha algo errado comigo.

Porque eu gostava de tudo isso. Eu era esse menino. Eu era o menino que gostava de flor, de cheiro, de beleza, de detalhe.

Eu lembro de uma vez — eu devia ter uns sete anos — quando montei um cultivo de plantas em casa, eram arranjos lindos de flores.

Juntei tudo num montinho, coloquei numa bacia velha que achei por lá, e falei:

"Mãe, olha! Eu fiz um arranjo!"

Ela sorriu, mas eu vi o medo nos olhos dela, porque meu pai estava chegando.

Ele viu e não achou graça.

Ele me olhou com desprezo e disse:

"Homem não faz essas coisas, Felipe. Vai brincar de bola", e me deu uma surra.

Eu não gostava de bola. Eu não gostava de correr atrás de uma coisa que não tinha cor, que não tinha cheiro, que não me contava história.

Eu gostava de imaginar que cada folha era uma joia, que cada galho era um castelo, que cada flor era um segredo da natureza.

Eu gostava de imaginar histórias.

Eu cresci ouvindo que eu não era bom o suficiente.

Que eu era esquisito, que era sensível demais, que era "errado".

Eu não entendia por que, mas eu sentia, sentia que, de alguma forma, eu não era o menino que meu pai queria que eu fosse.

Eu gostava de flores, de cheiro de bolo no forno, de arrumar as coisas com capricho. Eu me perdia em pequenos detalhes.

Eu gostava de ver as coisas bonitas.

E tinha uma história que sempre mexeu comigo: Cinderela.

Eu não sabia explicar, mas aquele conto me fazia chorar.

Eu me via naquela menina.

Eu via na Cinderela uma menina que era rejeitada, maltratada, diminuída, mas que, lá dentro, tinha algo que ninguém podia tirar dela: a luz da alma dela.

A Cinderela era pobre, era desprezada, era chamada de burra, de inútil.

Mas mesmo assim, ela sonhava.

Ela sonhava com o baile, com o vestido, com o sapato de cristal.

E eu, no fundo, também sonhava.

Eu também queria ser visto.

Eu também queria que alguém olhasse para mim e dissesse:

"Felipe, você é digno de ser amado."

"Felipe, você pode brilhar."

"Felipe, você é amado."

A Cinderela não mudou porque ganhou um vestido bonito.

A Cinderela já era uma princesa antes do vestido, antes da fada madrinha, antes do baile.

A Cinderela era pura, era boa, era amorosa — mesmo quando o mundo a machucava.

O que a fada madrinha fez foi só revelar para o mundo aquilo que ela já era por dentro.

E eu...

Eu só queria isso também.

Eu queria que alguém me visse.

Eu queria que alguém dissesse:

"Felipe, você é lindo do jeito que é."

"Felipe, você pode gostar de flores, de flores, de mesa bem posta."

"Felipe, você pode ser você."

Porque, no fundo, eu sabia que a beleza que eu criava era o que me mantinha vivo.

Era o que me salvava da dor, da solidão, do medo.

Era o que me fazia respirar quando eu pensava que não tinha mais jeito.

A verdade é que eu sempre fui a Cinderela.

Só que, no meu caso, o castelo não era de mármore, era de sonhos.

O vestido não era de seda, era de flores que eu catava na rua.

E a fada madrinha era a esperança que eu nunca deixei morrer dentro de mim.

O que existia era o grito do meu pai, era o medo na minha mãe, era a dor de ser quem eu era.

Eu também lembro da feira.

Ah, a feira.

Meu pai me obrigava a ir para a feira de peixes com ele.

Eu odiava aquele lugar.

Eu ia chorando no caminho.

Era tudo sujo, barulhento, com cheiro de peixe morto, com gente gritando, com escamas no chão, com água suja escorrendo pelas calçadas.

Eu olhava aquilo e sentia um nó na garganta.

Eu dizia:

"Pai, a gente podia colocar os peixes numa vitrine, sabe? Com gelo, com florzinha... ia ficar mais bonito. As pessoas iam querer comprar."

Meu pai me olhava como se eu fosse um idiota.

Como se eu fosse um fracote.

Como se eu fosse... um erro.

Mas eu não era um erro.

Eu era só um menino tentando deixar a vida menos feia.

Eu era só um menino tentando colocar beleza onde só havia dor.

E essa era minha sina.

Eu não entendia, mas era assim:

Eu precisava criar beleza, mesmo quando o mundo não me dava permissão.

Era como se meu coração gritasse:

"Felipe, crie. Felipe, sonhe. Felipe, transforme."

Eu não sabia que isso era uma vocação.

Eu não sabia que isso um dia seria chamado de profissão.

Eu só sabia que, sem isso, eu não respirava.

Sem isso, eu não existia.

E eu continuei existindo assim:

Um menino chamado Beleza.

- CAPÍTULO 2 -

O ATO SILENCIOSO DO MAL

Bem, nem tudo na vida é beleza, não é?

Eu gostaria de dizer que a minha história é só feita de flores, de contos de fadas e de festas alegres.

Mas não é.

Eu era só um menino. Um menino de nove anos. E foi nessa idade, tão pequeno, tão inocente, tão vulnerável, que o mal se apresentou para mim.

Eu não gosto nem de falar sobre isso.

Abuso Sexual Infantil.

Mas é isso.

Eu fui uma vítima de um ato silencioso.

Um ato que não tinha som, mas que fazia barulho demais dentro de mim.

Um ato que ninguém viu, ninguém soube, ninguém pôde impedir.

Eu não me lembro exatamente de tudo o que aconteceu.

E quer saber?

Talvez seja até melhor assim.

Porque quando eu tento puxar da memória, é como se minha mente tivesse apagado.

Como se tivesse uma névoa, uma confusão, um vazio.

Eu só sei que aconteceu.

Eu sei porque eu senti.

Eu senti a dor, eu senti a vergonha, eu senti a culpa, eu senti o medo.

Eu não vou relatar detalhes aqui.

Este não é o lugar.

Eu não preciso reviver o que meu corpo já tentou enterrar por tantos anos.

Eu só trago essa reflexão neste livro por um motivo:

Para que vocês entendam que, mesmo ferido, a gente ainda pode ser luz e amor na vida dos outros.

Porque foi a pior dor que eu já senti na minha vida.

Foi um silêncio que gritava dentro de mim.

Meu emocional ficou em pedaços, sabe quando você tá correndo e de repente tudo desacelera?

Ficou assim.

Como se a minha vida tivesse entrado em modo lento, em câmera lenta.

Eu era só uma criança.

Eu não sabia como lidar com aquilo.

Eu não sabia com quem falar.

Eu não sabia como pedir ajuda.

E pior...

Eu era ameaçado.

Eu ouvia que se eu contasse para o meu pai,

Ele ia me bater.

E vocês sabem, né?

Ele já me batia mesmo, sem precisar de muita desculpa.

Eu sabia que se eu falasse, ele não ia me proteger.

Ele ia me machucar ainda mais.

Então, eu fiquei em silêncio.

A vida toda.

Eu carreguei esse peso até os 30 anos de idade.

Trinta anos, Felipe!

Trinta anos calado, segurando esse segredo como um nó na garganta, como uma pedra no peito, como um veneno que ia me consumindo aos poucos.

Por fora, eu era o menino das flores, o menino das festas, o menino que alegrava a vida dos outros.

Mas por dentro,

Eu era só um menino quebrado.

Um menino que tinha medo.

Um menino que sorria para não gritar.

Um menino que segurava a dor como se fosse um segredo sujo, porque era isso que me fizeram acreditar.

Sabe, eu precisei entender que o mal age no silêncio.

Que o abuso mora no medo.

Que quando uma criança não pode contar a sua dor, ela aprende a engolir o choro e a carregar um peso que não é dela.

Eu escrevo isso agora, não para me vitimizar.

Eu escrevo para te dizer que, mesmo ferido, mesmo machucado, mesmo com a alma rasgada, eu consegui ser luz.

Eu consegui ser amor.

Eu consegui fazer festas lindas, alegrar famílias, criar memórias boas, mesmo quando as minhas eram tão pesadas.

Eu quero que você entenda isso.

Se você também tem uma dor que carrega escondida, eu quero que você saiba:

Você não precisa viver em silêncio para sempre.

Você pode transformar essa dor em algo bom.

Você pode fazer dessa dor uma ponte.

Você pode ser cura para o mundo, mesmo tendo sido ferido.

Eu sou prova viva disso.

Eu fui abusado.

Eu fui ameaçado.

Eu fui silenciado.

Mas eu não deixei de ser amor.

Eu não deixei de ser beleza.

Eu não deixei de ser luz.

E é isso que eu quero deixar aqui, neste capítulo, para você pensar:

Mesmo na dor mais profunda, a gente consegue ser amor.

Mesmo com cicatrizes, a gente consegue impactar o mundo com emoções positivas.

Mesmo quando a vida tenta arrancar a nossa essência, a gente pode escolher continuar brilhando.

Eu escolhi brilhar.

E você?

Feliz
Aniversário
FELIPE
CIRCO DA ALEGRIA

- CAPÍTULO 3 -

O DOM QUE MORAVA EM MIM

Eu sempre sonhei em ter um aniversário só meu.

Eu sempre pedia para o meu pai:

"Pai, faz uma festinha pra mim?"

Mas ele...

Vocês já sabem, né?

Ele não conseguia sentir o que eu sentia.

Ele não conseguia entender a alegria que era, para uma criança, ter uma mesa arrumada, um bolo no centro, os amigos em volta, os balões coloridos no teto.

Ele não entendia que aquilo não era só uma festa, era um sonho de infância.

Mas eu entendia.

Eu sentia.

Eu sonhava com isso.

E foi assim que, aos meus 9 anos, eu resolvi fazer o meu próprio aniversário.

Ninguém fez por mim.

Eu fiz.

Eu comecei a guardar o dinheiro do lanche da escola, moedinha por moedinha, escondido no fundo da minha mochila.

Eu não comia o lanche. Eu não comprava bala.

Eu guardava.

Porque eu sabia que, com aquelas moedas, eu podia transformar um dia comum em um dia especial.

Eu podia criar um momento só meu.

Um momento feliz, um momento bonito — e, acima de tudo, meu.

Quando o dia chegou, eu juntei os amiguinhos da rua, chamei um por um, arrumei todo mundo dentro da minha casa.

Eu inventei um tema:

"O Circo da Alegria."

Sim, era o circo da alegria.

Porque, mesmo sem ter quase nada, eu tinha alegria para dar.

Eu improvisei as decorações com papel colorido, aluguei os palhaços cenográficos de isopor, montei uma cenografia, eu lembro da minha alegria ao ver tudo pronto. Eu lembro quando meu primo Thiago Barbosa chegou, eu corri para mostrar a arte que eu tinha feito.

Eu fiz tudo.

Sozinho.

Eu queria que fosse lindo.

Eu queria que fosse feliz.

Eu queria que fosse meu.

E ali, aos 9 anos, eu descobri uma coisa que eu nem sabia que era dom.

Eu descobri que eu era capaz de fazer o mundo sorrir, mesmo quando o meu mundo estava triste.

Eu era capaz de criar beleza onde só havia silêncio e dor.

Eu era capaz de juntar pessoas, de tornar o simples em especial, de fazer brilhar até o que ninguém enxergava.

Eu lembro até hoje do momento de apagar a vela.

Eu fechei os olhos.

E, no fundo da minha alma, eu fiz uma promessa:

"Eu nunca vou ser uma pessoa ruim. Eu nunca vou ser uma pessoa do mal. Eu vou escolher ser feliz. Eu vou fazer os outros felizes. Eu vou espalhar alegria."

A felicidade...

Aquela felicidade pura, simples, de ver as pessoas sorrindo...

Ela seria a base da minha vida.

E assim, do meu jeitinho sensível, eu comemorei os meus 9 anos.

Com a alegria e a fantasia do Circo da Alegria.

Sem bolo caro, sem decoração profissional, sem presente de luxo.

Mas com um coração transbordando de emoção.

Mal sabia eu que aquilo — aquela festinha, aquela mesa simples, aquela alegria improvisada — já era uma manifestação da minha missão aqui na Terra.

Eu não sabia o que era ser cerimonialista.

Eu não sabia o que era ser organizador de eventos.

Eu só sabia que criar alegria era o que me fazia respirar.

Eu só sabia que, quando eu via as pessoas felizes, meu peito se enchia de vida.

Eu só sabia que aquilo,

Aquilo era amor.

E o amor...

Era o que me movia.

Eu era só um menino.

Um menino machucado, que não sabia explicar a dor que carregava.

Um menino que não sabia contar o que tinha acontecido com ele.

Mas que sabia, mesmo assim, que a única coisa que poderia salvar a vida dele...

Era celebrar.

Eu não sabia ainda, mas celebrar era a minha cura.

Era o que me mantinha vivo.

Era o que me dava sentido.

Era o que me fazia ser Felipe.

E eu segui.

Segui guardando isto no peito:

A alegria como minha promessa.

A felicidade como meu compromisso.

A celebração como meu caminho.

- CAPÍTULO 4 -

O ENTENDIMENTO DE QUE UM EVENTO É UMA FORMA DE CELEBRAR: O CÍRIO DE NAZARÉ

Se tem um capítulo deste livro que eu considero o mais emocionante, é este.

Porque ele fala do Círio de Nazaré.

E se você não conhece o Círio, você precisa conhecer.

Eu vou tentar explicar, mas já aviso: é impossível colocar em palavras o que a gente sente quando vive esse momento em Belém do Pará.

O Círio é mais do que uma festa.

É mais do que uma procissão.

É mais do que uma tradição católica.

É a emoção pulsando nas ruas.

É o amor atravessando gerações.

O Círio é a prova viva de que um evento nunca foi sobre a forma ou estética — é sobre a emoção.

Pensem: são mais de 2 milhões de pessoas reunidas nas ruas de Belém, em um mesmo dia, movidas por uma força que vai muito além da fé. Você sabe o que é isso? Não é só sobre a Igreja Católica. Não é sobre dogmas, ritos ou formalidades. É sobre uma tradição que atravessa gerações, que pulsa no peito de quem vive, que ecoa nos passos de quem segura uma corda, de quem reza em silêncio, de quem agradece, de quem chora — e até de quem não entende.

O Círio tem mais de 200 anos de história. São séculos de memória coletiva, de promessas feitas e renovadas, de vidas entregues, de lágrimas compartilhadas.

E se vocês me perguntarem: "Felipe, você é católico?"

Eu respondo: não, não sou.

Mas o Círio transcende qualquer religião.

O Círio é maior que qualquer rótulo.

Ele é sentimento.

Ele é pertencimento ancestral de celebração.

Ele é entrega.

O Círio não se explica.

O Círio não cabe em palavras.

O Círio é vivido.

É sentido.

E isso vocês vão entender ao longo deste livro.

Minha avó paterna, Áurea de Moura Alencar Barbosa, era devota de Nossa Senhora de Nazaré.

Ela era da linhagem de José de Alencar — sim, aquele mesmo, o grande nome da literatura.

Mas, para mim, minha avó era mais do que uma Alencar.

Ela era a guardiã da fé da nossa família.

Todos os anos, no segundo domingo de outubro, ela se abalava do interior para Belém.

Era o dia mais esperado do ano.

Ela juntava todos os filhos, as filhas, os netos, os amigos, os vizinhos.

Era um verdadeiro êxodo familiar.

Todo mundo vindo para Belém para ver a Santa passar.

Eu lembro de uma cena que nunca mais saiu da minha cabeça.

Era o Círio daquele ano.

De repente, um helicóptero sobrevoou a procissão e jogou uma chuva de pétalas de rosas sobre a berlinda da Santa.

As pétalas flutuavam no céu como se fossem bênçãos descendo para a Terra.

Minha avó olhou para cima, estendeu a mão, pegou uma pétala que caía devagar, como se fosse mágica.

Ela sorriu, olhou para mim e disse:

"Ela vem do céu, meu filho. Ela está no céu."

Aquela cena ficou gravada na minha memória para sempre.

Eu não sabia explicar o que estava acontecendo, mas eu sabia sentir.

Eu sentia um calor no peito, uma emoção que não cabia no meu corpo, uma certeza de que algo maior estava ali, entre nós, flutuando no ar com aquelas pétalas.

Com os anos, eu cresci.

E o Círio continuou.

Todo ano, no segundo domingo de outubro, a nossa família se reunia.

A gente montava a mesa, fazia comidas típicas, arrumava tudo com carinho.

É o Natal dos paraenses, só que com mais fé, mais emoção, mais pertencimento ancestral.

Hoje, minha avó já não está mais aqui.

Ela está no céu, como disse naquela vez.

Mas ela me deixou o mais bonito dos legados:

Reunir a família.

Juntar todo mundo.

Manter viva a tradição.

Fazer a Festa do Círio um evento não pela estética ou religião, mas pela emoção.

Eu sou o responsável agora.

Eu sou o guardião da mesa, dos aromas, dos sabores, dos abraços, dos risos, das lágrimas de saudade.

E eu entendi, por meio da minha avó, que evento nunca foi e nunca será sobre a estética.

Evento é sobre a emoção genuína que atravessa gerações.

É sobre o que a gente sente.

É sobre o que a gente leva no coração.

Sabe, eu precisei estudar muito para entender isso.

Estudei livros, cursos, palestras...

Mas o que minha avó me ensinou no Círio, nenhum diploma ensinou.

Eu achava que evento era só uma palavra.

Mas celebrar.

Celebrar é o que nos move.

Celebrar é o que nos conecta.

Celebrar é o que nos faz lembrar quem somos.

Philippe Ariès, o grande pensador, já dizia:

"As festas são celebrações coletivas da vida e da morte, onde o tempo se suspende, e o humano se encontra com o sagrado."

Era isso o que minha avó fazia: ela suspendia o tempo, e fazia da nossa casa um templo, mesmo que simples, mesmo que humilde.

A você, minha avó, minha eterna gratidão.

Obrigado por ter me ensinado, com o Círio, que evento é muito mais do que um evento.

É um ato de amor.

É uma memória que cura.

É um sentir que atravessa gerações. Hoje, quando eu reúno minha família no Círio, é como se você ainda estivesse aqui, ao meu lado, segurando a pétala de rosa e dizendo:

"Ela vem do céu, meu filho. Ela está no céu."

E eu sei que você está mesmo.

- CAPÍTULO 5 -

AS FOGUEIRINHAS DE SÃO JOÃO: UMA FUGA DA DOR

Eu amava as festas juninas. Eu amava o cheiro da fogueira, o som das quadrilhas, as bandeirinhas coloridas, o brilho das pessoas dançando. Minha música favorita era "Eu fiz uma fogueirinha...".

Naquela canção, naquela festa, eu encontrava uma fuga da minha dor.

Você conhece a história de São João?

Eu também não conhecia, não.

Eu só sabia que, quando essa data chegava, meu coração batia mais forte.

Mas depois, quando fui estudar, descobri que a festa de São João tem raízes muito antigas, que vêm lá da Europa, de festivais pagãos.

Eles celebravam o solstício de verão, o dia mais longo do ano, com fogueiras acesas para agradecer à natureza, pedir boas colheitas, afastar os maus espíritos.

Era um jeito de dizer:

"Obrigado, vida, por mais um ciclo. Que venham bons frutos."

Era o ser humano tentando se conectar com o céu.

Era o homem pequeno diante do universo, tentando fazer sentido da existência.

Quando o cristianismo chegou, ele batizou essa festa.

A fogueira virou símbolo do aviso de Isabel para Maria sobre o nascimento de João Batista.

E a celebração, que antes era só sobre a terra e o sol, virou também sobre a fé.

Foi assim que São João entrou no calendário.

No Brasil, os portugueses trouxeram essa tradição e ela se misturou com a cultura indígena e africana.

No Nordeste, então.

Ah, no Nordeste, a festa virou uma explosão de alegria, de fé, de cor, de cheiro de milho, de música, de suor, de pertencimento ancestral.

São João, no Nordeste, não é só uma festa.

É resistência cultural.

É identidade.

É vida pulsando nas veias do povo.

E é aqui que eu preciso te contar a minha história com o São João.

Perto da minha casa tinha uma escola.

E adivinha?

Eu não saía de lá.

Eu era o menino que estava sempre pendurando bandeirinha, ajudando a montar a festa, escolhendo as músicas.

E aqui, preciso fazer um agradecimento de coração:

À Tia Alzira e às minhas irmãs de alma, Andrea e Adriana.

Elas foram meu porto seguro nessa época.

Foram elas que me acolheram, me deram espaço para sonhar, para criar, para celebrar.

Elas me ajudaram a ser eu mesmo.

E minha mãe.

Ah, minha mãe.

Eu não posso deixar de falar dela.

Ela era quem costurava as bandeirinhas nas minhas calças jeans.

Sabe aquelas calças cheias de bandeirinhas coloridas?

Eu achava aquilo lindo!

Para muita gente, era brega.

Mas, para mim, era a coisa mais linda do mundo.

Era a minha fantasia de São João.

Era meu jeito de dizer:

"Eu sou parte disso! Eu pertenço a essa festa!"

Eu inventava tudo.

Eu fazia festa na rua.

Eu chamava os amigos para dividir o milho, o mingau, o vatapá.

Eu criava os detalhes, pensava onde ia ficar o mastro, onde ia ter a barraquinha, quem ia ser a miss da festa.

Eu era só um menino, mas já era um maestro de emoção, de pertencimento ancestral, de memória afetiva.

Eu só não sabia disso ainda.

E tem mais:

Naquela época, eu não fazia ideia, mas quando eu dançava a quadrilha, quando eu gritava "Olha a cobra!", quando eu ajudava a pendurar as bandeirinhas no varal, eu estava honrando a minha ancestralidade nordestina.

Eu estava, sem saber, carregando no meu corpo o sangue dos meus antepassados —

José de Alencar, meu ancestral, nascido no Ceará, escritor do Brasil profundo, homem que cantou as tradições do nosso povo.

Como já dizia Luiz Gonzaga, em 1951:

"Olha pro céu, meu amor,

Vê como ele está lindo,

Olha pra aquele balão multicor,

Como no céu vai sumindo..."

Eu estava fazendo exatamente isso: olhando pro céu, sentindo a chama acesa, vendo a festa pulsar dentro do peito, e me perguntando: por que fazemos eventos?

Eu fazia São João como quem diz:

"Eu venho de vocês! Eu sou vocês!"

Eu era só um menino de calça de bandeirinhas, mas eu carregava na minha pele a história de um povo inteiro.

Hoje eu sei:

Cada bandeirinha era um pedaço da minha raiz.

Cada milho cozido era um pedaço da minha herança.

Cada fogueira acesa era um chamado da minha ancestralidade dizendo:

"Você pertence a essa terra. Você é parte dessa história. Você é filho do Nordeste."

E eu dançava, cantava, organizava tudo...

Eu achava que era só uma brincadeira.

Mas não era.

Era o meu chamado.

Era o meu dom se manifestando.

Era o meu destino sendo costurado, bandeirinha por bandeirinha, festa por festa.

Hoje eu entendo.

Eu já era um organizador de eventos.

Eu já era um criador de memórias afetivas.

Eu já era um artesão de alegria.

Mas existe uma profissão regulamentada para isso?

Esse é o assunto do próximo capítulo.

- CAPÍTULO 6 -

O DOM QUE NÃO TINHA NOME (E A URGÊNCIA DE UMA GRADUAÇÃO PARA PROFISSIONAIS DE EVENTOS)

No meio de tudo isso, vocês conseguem imaginar o que se passa na cabeça de um adolescente, né?

Eu queria tanta coisa.

Eu queria ser visto, queria ser ouvido, queria ser entendido.

E aqui, eu preciso contar algo importante: a minha história com a música.

Ah, a música.

A música sempre foi e sempre será a minha maior inspiração para fazer eventos.

Ela é a trilha sonora da minha vida.

Ela é a batida do meu coração.

Eu comecei a cantar no coral da igreja, lá pelos 12 anos.

A minha voz soava como a de um passarinho, leve, suave, encantada.

E eu lembro de pensar:

"É isso! É isso! Eu tenho que estudar música!"

Então, eu fui.

Me matriculei num curso de música em uma escola pública em Castanhal.

Lá, eu aprendi muita coisa.

Eu cantava na praça da minha cidade.

E adivinhem qual música eu cantei?

"Como Nossos Pais", da Elis Regina, lembram da letra?

"Não quero lhe falar, meu grande amor
Das coisas que aprendi nos discos
Quero lhe contar como eu vivi

E tudo o que aconteceu comigo"

Eu cantava isso com os olhos marejados, como se cada palavra fosse uma confissão, um grito que vinha da alma:

"Minha dor não me define. Eu sou o amor. Eu sou o canto. Eu sou a vida."

E eu sempre soube que meu lugar era aqui, cantando a minha história para o mundo.

"Viver é melhor que sonhar

Eu sei que o amor é uma coisa boa

Mas também sei que qualquer canto

É menor do que a vida de qualquer pessoa"

Sim, eu sempre soube que viver é a melhor coisa deste mundo!

Eu sempre vivi.

Mesmo quando a dor tentava me calar, eu escolhi viver.

Mesmo quando a tristeza queria me prender, eu escolhi voar.

Porque viver é mais do que sonhar – é sentir, é tocar, é transformar.

"Por isso cuidado, meu bem

Há perigo na esquina

Eles venceram e o sinal

Está fechado pra nós, que somos jovens"

Foi assim, gente...

Foi numa esquina que o ato silencioso aconteceu.

Foi numa esquina que tentaram calar a minha voz.

Mas eles não venceram.

Eles não definiram o meu talento.

Eles não apagaram a minha luz.

"Você me pergunta pela minha paixão

Digo que estou encantada como uma nova invenção

Eu vou ficar nessa cidade, não vou voltar pro sertão

Pois vejo vivas no vento o cheiro da nova estação

Eu sei de tudo na ferida viva do meu coração"

Eu era assim, gente!

Toda hora uma nova invenção.

Minha mãe bem sabia, ela até reclamava:

"Meu Deus, mais uma invenção, Felipe?"

Mas era isto: eu era o menino das ideias, o menino da reinvenção, o menino do sonho que não cabia na gaveta, o menino da voz que não queria ser calada.

E cada invenção, cada novo capítulo, era só mais uma maneira de dizer:

Eu estou aqui. Eu sou o amor. Eu sou o canto. Eu sou a força de quem veio antes de mim. Eu sou um grito de liberdade.

Eu sentia aquela letra como se fosse um grito meu para o mundo.

Naquela fase da minha pré-adolescência, eu respirava música.

Eu cantava o dia inteiro: no quintal, na calçada, no quarto, no banho.

Eu não sabia o motivo, mas eu sentia.

Sabe o "Circo da Alegria", do meu aniversário de 9 anos?

Pois é.

Eu amava cantar "O Bêbado e a Equilibrista, da Elis Regina.

Eu acho que já era um sinal, né?

Mas sei que uma dor assim pungente

Não há de ser inutilmente..."

É isso. Eu sabia que, apesar de tudo, eu precisava continuar.

Porque, no fundo, eu era um artista, né?

Só não me reconhecia ainda.

Nem tinha como. Não existiam referências no mercado de eventos.

Não existia graduação em eventos.

Não existia ninguém dizendo que o cerimonialista era mais do que um executor de planilhas, mais do que um cronograma bem feito.

Mas eu sabia.

Eu sabia que o meu dom era arte.

Era emoção.

Era memória.

Era voz para as histórias não contadas.

E agora? Agora sou eu quem vai abrir esse caminho.

Porque a esperança, essa equilibrista dançando na corda bamba de sombrinha, sou eu.

E o show.

Ah, o show tem que continuar.

Como se eu gritasse sem saber:

"Ei, olhem pra mim! Eu tenho voz! Eu tenho talento!"

Na escola, eu sempre amei as disciplinas que envolviam arte.

História, nossa, como eu amava!

Literatura, então, um encanto!

Deixo aqui meu agradecimento à professora Dayse, que me apresentou clássicos como José de Alencar.

E eu nem sabia que eu era descendente dele!

Que loucura, né?

Depois, eu me apaixonei por fotografia.

Eu achava que eu seria cineasta.

Minha tia Fátima Barbosa, que tinha acabado de chegar de São Paulo, trouxe uma câmera.

Gente, eu amava fotografar.

Ela vai ler este capítulo e vai lembrar disso.

Ah, aqui eu preciso falar dela.

Da minha Tia Fátima Barbosa.

Minha tia cria memórias através do paladar, sabe, gente?

Nossa, a minha tia Fátima.

Ela tem o dom de cozinhar.

Ela transforma ingredientes simples em momentos que marcam a gente pra sempre.

Sabe aquele cheiro que invade a casa e faz a gente correr pra mesa?

Sabe aquele almoço em que todo mundo ri alto, se abraça, se olha e diz:

"Que delícia, tia! Que almoço gostoso!"

É ela quem cria isso.

O doce de abacaxi da minha tia, ah, vocês não têm noção.

Ela faz como ninguém.

É como se ela colocasse na receita um tempero secreto, que não está no papel:

o amor dela.

É o toque dela, a mão dela, o jeito dela de dizer:

"Eu cuido de vocês, eu nutro vocês, eu mantenho essa família unida."

É ela quem junta toda a nossa família para celebrar.

É ela quem mantém vivo o espírito do encontro, o sabor da memória.

E foi com ela que eu aprendi muito mais do que receitas.

Foi com ela que eu aprendi que cozinhar é arte, é afeto, é cuidado, é contar histórias sem palavras.

Teve uma época, olha só, que eu pensei que era isso que eu queria pra minha vida.

Eu olhava pra minha tia, pra aquelas mesas cheias de comida e de gente, e pensava:

"É isso! Eu vou estudar Gastronomia, eu vou ser chef de cozinha, eu vou ter o meu restaurante, eu vou ser dono do meu próprio negócio."

E eu acreditava nisso com todo o meu coração.

Mas ainda não era isso.

A minha missão era outra.

Era outra forma de criar memórias.

Era outro jeito de juntar pessoas e fazer elas sentirem algo inesquecível.

Era outra maneira de transformar o ordinário em extraordinário.

Mas a essência do paladar, a essência foi ela quem me ensinou.

A essência do paladar veio da cozinha da minha tia.

Veio do som das gargalhadas ao redor da mesa.

Veio do brilho nos olhos de quem come e sente amor.

A minha tia Fátima Barbosa não é só cozinheira, não é só tia, não é só mulher.

Ela é a artista que carregas as lembranças afetivas da nossa família com o sabor da vida e com o seu dom de cozinhar.

Em meio a toda a confusão emocional que é ser adolescente — vocês me entendem, né?

Aos 14 anos, uma vizinha me chamou para organizar a festa de 15 anos da filha dela.

E eu, do meu jeito criativo, já criei um tema: "Estrelas".

Eu pensei no cosmo, na nossa relação com o universo.

Eu nem sabia, mas já intuía o que Mircea Eliade, antropólogo, dizia:

Que todo ritual é uma forma de se conectar ao cosmos, ao divino, ao que está além da matéria.

Ali, naquele momento, eu entendi:

Eu amava criar festas.

Ou melhor:

Eventos.

Ou melhor:

Celebrações.

Mas como todo adolescente, eu tive que escolher:

"Qual carreira seguir?"

E adivinhem?

Não tinha NADA.

Nenhuma faculdade em Belém tinha uma graduação para Eventos.

Eu via meus amigos de ensino médio, todos com seus caminhos prontos:

Medicina, Direito, Farmácia...

Eu fazia aqueles testes de talento.

E nenhum, NENHUM, encaixava com o que eu queria.

Porque eu não queria ser só uma profissão.

Eu queria despertar emoção.

Eu queria fazer as pessoas felizes.

No último ano do ensino médio, comecei a organizar os aniversários dos professores.

Cada festa era uma nova experiência.

Eles amavam.

E eu me sentia tão feliz.

Tão pleno.

No fundo, eu sabia:

Essa era a minha vocação.

Eu só não tinha um nome para isso.

Lembram do meu pai?

Pois é.

Meu pai, que veio da extrema escassez, sempre achou que o valor de uma pessoa estava no cargo que ela exercia.

Pra ele, eu ser um "decorador de festas" não era ser nada.

Na minha época, nem existia esse termo de cerimonialista, assessor de eventos, consultor de eventos.

Eu era só o menino das festas.

E o que eu fiz?

Escolhi o curso que mais se aproximava: Relações Públicas.

Passei.

E adivinhem?

A turma não formou.

Eu precisei escolher outra área às pressas.

E, querendo agradar meu pai, eu escolhi Engenharia Mecânica.

Já pensou?

Eu, Felipe, apaixonado por flores, por emoções, por festas.

Estudando engenharia!

Mas eu fui.

Eu tentei.

Eu aprendi muita coisa boa — metodologia, cálculos, processos de produção.

Mas, ao mesmo tempo, enquanto eu estudava engenharia, adivinhem o que eu fazia de dia?

Eu criava festas.

Eu dava vida aos sonhos.

Eu colocava emoção onde não havia nada.

E foi assim.

Por três anos.

Três anos dividindo minha vida entre as equações e os balões.

Entre a lousa da sala de aula e a mesa de bolo.

Até que um dia, eu olhei para a lousa da faculdade e pensei:

"Até aqui me basta. Essa não é minha área de atuação."

Do outro lado, a carreira sem nome voava!

Eu já tinha meus clientes.

Eu já tinha meu dinheiro.

Eu já era conhecido na minha cidade.

Todo mundo queria fazer festas comigo.

Como assim?

Um jovem organizando festas incríveis?

Ninguém sabia a minha idade.

Eu falava que era mais velho.

Ninguém podia imaginar, né, gente?

Eu não era nem adulto ainda, mas quem via, jurava que era!

A barba já estava crescendo, eu ia nas reuniões todo alinhado, assinava contratos, fechava negócios, e o povo confiava.

E eu lá, todo sério, mas pensando: "Será que eles sabem que eu ainda tinha idade pra pegar fila de meia-entrada no cinema?"

E eu fazia as festas com tanto amor, nossa, eu só queria criar!

Nem pensava no dinheiro.

Eu só queria ver tudo bonito, tudo emocionante, as pessoas chorando, abraçando, sentindo.

Na verdade, eu nasci pra isso, né, gente?

Era como se o mundo dissesse: "Vai, Felipe, o mundo é seu!"

Mas no fundo,

Eu ainda era só um jovem.

Um jovem empreendedor, com um coração enorme e muita, mas muita vontade de fazer o show continuar.

A responsabilidade era tão grande, minhas ideias tão ousadas, que todos achavam que eu já tinha 25 anos.

Mas não.

Eu era só um menino alto, com voz firme, com brilho nos olhos e um coração pulsando emoção.

Eu criava festas lindas.

Hoje eu olho e penso:

"Meu Deus, como eu consegui fazer isso?"

Naquela época, o cerimonialista era confundido com o decorador.

Ninguém sabia quem era quem.

Aliás.

Isso ainda acontece, né?

Por que existe alguma graduação no Brasil para formar profissionais de eventos?

Não existe!

E isso precisa mudar.

Eu espero que, antes de eu partir dessa Terra, outros jovens como eu possam saber qual caminho trilhar.

Que eles saibam que o talento deles tem nome, tem valor, tem profissão.

Porque evento não é só luxo do capitalismo desenfreado.
Evento é emoção.
Evento é arte.
Evento é cultura.
Evento é terapia.
Evento é cura.
E, pode escrever:
Vai ter uma legalização dessa atividade, sim!
Vai ter graduação específica para profissionais de eventos, sim!
Mas isso é assunto para os próximos capítulos.

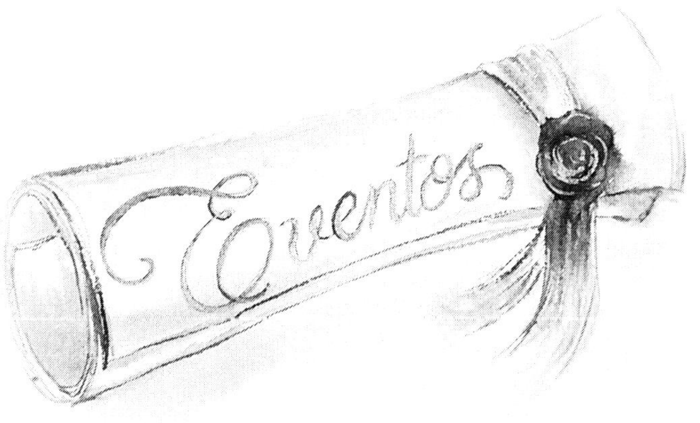
Eventos

- CAPÍTULO 7 -

A CARREIRA DE SUCESSO E A FALTA DE UM DIPLOMA

Vocês devem estar se perguntando: "E o que aconteceu com o Felipe sem faculdade?"

Ao completar 18 anos, eu queria fazer uma superfesta. Afinal, festas sempre me moveram. Já era muito conhecido, já tinha dinheiro, e meu pai me presenteou com um carro. Mas o que eu realmente queria era a festa!

Conhecia todos os fornecedores, então essa foi a última festa de aniversário que organizei para mim. O tema foi Grécia Antiga! Na época, não percebi, mas era um convite para estudar o berço da civilização ocidental.

Todos estavam vestidos de branco, e montei uma linda mesa inspirada nos grandes banquetes romanos. O meu bolo? Imenso! Dezoito andares!

Você sabia que os bolos de aniversário têm uma história rica e simbólica? Na Grécia Antiga, os adoradores da deusa Ártemis ofereciam bolos redondos com velas acesas, representando a lua cheia, como forma de agradecimento e pedidos aos deuses. Acreditava-se que a fumaça das velas levava as preces ao céu.

Já os bolos de andares têm origem em casamentos da nobreza europeia. O primeiro registro é do casamento entre Catarina de Médici e Henrique II da França, no século XVI. Esses bolos simbolizavam status e prosperidade.

Naquela festa, eu não sabia, mas estava conectando minha paixão por celebrações com tradições milenares. Era como se, instintivamente, eu honrasse minha ancestralidade e o poder das festas em unir as pessoas.

Aqui, eu quero deixar meu agradecimento à Adilza Serrão.

Uma mulher forte, generosa, que um dia segurou a minha mão — literalmente — e me disse:

"Você tem talento. O que você faz é arte, transcende."

Ela não disse só com palavras, ela disse com os olhos, com o coração, com a certeza de quem já viu muita gente na vida, mas sabia reconhecer quando alguém tinha algo especial.

Adilza, dona do Buffet Trufas de Chocolate, foi um dos primeiros anjos que cruzou meu caminho e disse:

"Você vai fazer muito sucesso, meu filho. O mundo é seu, pode voar."

E eu voei.

Voei longe.

Voei alto.

Porque eu sou, sim, a Asa Branca de Luiz Gonzaga.

Como ele escreveu:

"Até a Asa Branca bateu asas do sertão..."

E no meu caso, eu também bati asas.

Mas eu não estava fugindo da seca, da fome ou da miséria.

Eu estava voando para o mundo.

Voando para o lugar de prosperidade que a minha ancestralidade lutou tanto para que eu chegasse.

Porque antes de mim, foram eles:

Os que enfrentaram a seca, o chão rachado, a invisibilidade.

Os que carregaram a dor no corpo, mas o sonho vivo no coração.

Os que caminharam a pé pelas estradas de terra, com a esperança costurada na palma da mão.

E quando eu olho pra trás e vejo o que eles suportaram,

Eu entendo:

O meu voo é a vitória deles.

Cada passo meu é um agradecimento.

Cada conquista minha é um grito de:

Vocês existem dentro de mim!

Mesmo sem um diploma formal, eu já era um profissional de eventos, movido pela emoção e pelo desejo de criar memórias inesquecíveis.

Bem, e a faculdade?

Ah, a faculdade!

Eu comecei a cursar Administração.

Não era bem o que eu queria, mas foi o que deu pra fazer.

Eu queria algo que me ajudasse a organizar as ideias, os projetos, os sonhos, mas...

A verdade é que a faculdade de Administração era muita teoria, muita técnica, muitos métodos, muitos cálculos, muitas fórmulas prontas...

E não falava do que eu mais queria entender:

A emoção.

A tradição.

A ancestralidade.

O ritual.

A importância de fazer festas dentro da humanidade.

Eu olhava praquele monte de conteúdos e pensava:

"Tá, mas cadê a emoção disso tudo? Cadê a conexão?"

Porque, pra mim, fazer festa nunca foi só sobre a planilha, o orçamento, o contrato, o protocolo.

Fazer festa sempre foi um ato de conexão, de memória, de reencontro.

Mas ninguém falava disso.

Ninguém me ensinava que uma festa podia ser um ato de resistência cultural, como eu via no Círio.

Ninguém falava da festa como um ritual ancestral, como dizia Philippe Ariès, historiador francês que afirmava:

"A festa é o tempo suspenso, onde a vida cotidiana se transforma e o ser humano se conecta ao sagrado."

Mas eu sentia isso no peito.

Eu sabia.

Eu sentia, desde criança, que quando eu criava uma festa, eu estava criando uma ponte invisível entre o passado e o presente.

Eu estava, sem saber, honrando a minha ancestralidade nordestina — os Alencar, os Barbosa, que celebravam pra esquecer a dor, que dançavam pra espantar a tristeza, que se reuniam pra lembrar que, apesar da seca, da fome, da saudade, a vida ainda valia a pena.

Eu fazia isso, mas a faculdade não me dava nome pra isso.

Na sala de aula, ninguém falava da importância de fazer festa como um ato humano ancestral.

Ninguém falava da festa como memória viva.

Ninguém falava de festa como cultura, como arte, como resistência, como espiritualidade, como conexão.

Eu sentia que faltava algo.

Muito.

Mas eu continuei.

Continuei porque eu acreditava que, de alguma forma, aquele conhecimento também me ajudaria.

E ajudou, claro.

Eu aprendi sobre planejamento, sobre metas, sobre processos.

Mas o que eu fazia nas festas não cabia num plano de negócios.

Não cabia numa análise SWOT.

Não cabia num gráfico de fluxo de caixa.

O que eu fazia era conexão.

Era poesia.

Era toque de coração para coração.

E eu?

Eu era só um jovem sem diploma, mas com uma carreira voando.

Eu já tinha nome, já tinha clientes, já tinha dinheiro, já tinha respeito no mercado.

Eu era reconhecido.

Eu fazia festas lindas.

Eu criava experiências únicas.

E sabe o que é mais louco?

Ninguém nunca perguntou pelo meu diploma.

Porque, no fim,

Eu era bom no que eu fazia.

Porque o meu diploma era a minha essência.

Era o meu sentir.

Era o meu olhar para o outro e dizer: eu vou transformar a tua história em celebração.

Bem, mas e a faculdade?

Tinha que estudar, tinha que ter um diploma, tinha que ter algo para mostrar para o mundo, para dizer:

"Eu sou alguém."

Mas a verdade é que, desde o primeiro dia, eu sentia que algo não encaixava.

Eu ouvia os professores falarem sobre planejamento estratégico, orçamento, gestão de pessoas, metas, indicadores...

Eu esperava que, em algum momento, alguém fosse me dizer:

"Sabe, Felipe, um evento é muito mais do que um produto, é muito mais do que um contrato. Um evento é memória viva, é arte, é cura."

Mas ninguém dizia isso.

Cada vez mais a minha vocação ganhava asas.

Eu não tinha um diploma formal, mas eu me certificava — em tudo.

Eu tinha cursos, workshops, palestras de outros profissionais do mercado.

Eu buscava todo tipo de conteúdo técnico.

Mas, sabe o que acontecia?

Todos eles falavam da mesma coisa.

Era sempre sobre como planejar, como orçar, como montar uma planilha, como negociar com fornecedor, como montar uma estrutura, como seguir o protocolo...

Era tudo sobre forma.

Sobre logística.

Sobre entrega.

Mas nunca sobre o que eu sentia.

Ninguém falava da emoção.

Ninguém falava da tradição.

Ninguém falava da conexão invisível que atravessa gerações quando você monta uma mesa com comida e cheia de amor.

Ninguém falava do cheiro da comida, da luz das velas, do som da música ao fundo...

Ninguém falava da lágrima que escorre no canto do olho de um pai ao ver a filha vestida de noiva.

Ninguém falava da força de um abraço em meio à pista de dança.

Ninguém falava da importância de fazer festa dentro da história da humanidade.

Mas eu sentia.

Eu sentia no peito.

Eu sabia, mesmo sem saber explicar.

Eu sempre soube.

E, um dia, eu escutei de um grande mestre do cerimonial — um daqueles nomes fortes, que todo mundo respeitava — uma frase que ficou gravada na minha cabeça:

"Noiva compra foto."

Oi?

Vocês conseguem acreditar nisso?

Noiva compra foto?

Não, gente.

Não, mestre.

Noiva não compra foto.

Noiva não compra objeto, não compra produto, não compra protocolo.

Noiva sente.

Noiva sonha.

Noiva inspira.

Noiva vive.

Noiva quer transformar a história de amor dela em um momento de luz.

Noiva quer se ver no que está acontecendo, quer reconhecer sua essência no que está sendo celebrado.

Noiva quer um pedacinho da sua história materializado em um bolo, em uma música, em um arranjo de flores.

Noiva não copia.

Noiva inspira e transforma sua própria história em uma celebração única.

Mas sobre isso ninguém falava.

Eu olhava tudo isso — o mercado de eventos, as festas vazias, os protocolos frios, os padrões engessados — e pensava:

Tem algo errado aqui.

Tem muita coisa errada.

Eu não sabia exatamente como explicar.

Mas algo dentro de mim gritava:

"Isso não pode ser só sobre a forma. Isso não pode ser só sobre a foto perfeita, o vídeo editado, o contrato assinado."

Eu sentia, no fundo do meu peito, que o verdadeiro sentido de fazer uma festa não estava no poder, nem no status, nem na estética vazia.

Estava em algo maior.

Estava na história de quem celebra.

Estava na memória viva de cada família.

Estava no sentimento.

E foi então que a vida, mais uma vez, me ensinou.

Eu fui convidado para organizar a festa de aniversário de um grande jornalista, muito respeitado, do interior do estado.

Quando cheguei na casa dele, sentei, respirei fundo, olhei nos olhos dele e perguntei:

"Me conta a tua história.

O que te emociona?

O que marcou a tua vida?

O que é relevante para você?

O que você quer celebrar de verdade?"

Ele ficou em silêncio por alguns segundos...

Depois respirou fundo, com aquele olhar de quem volta no tempo, e disse:

"Quando eu cheguei na cidade, eu via o trem passar... Era só mato, só o trem, e depois veio o progresso, a urbanização, as construções... Eu vi essa cidade nascer."

Pronto.

Naquele momento, algo clicou dentro de mim.

Era como se tudo o que eu sentia, tudo o que eu buscava, tudo o que eu sabia sem saber explicar, ganhasse forma.

Eu pensei:

"É isso! A festa precisa contar a história dele! A festa precisa honrar a memória dele! A festa precisa emocionar!"

E foi ali que eu, sem perceber, criei a minha fórmula.

A fórmula da minha vida.

A fórmula que eu defendo até hoje:

Evento = Forma + Emoção.

Simples assim.

A forma é o cenário, o ambiente, a decoração, o som, a luz.

Mas a emoção.

Ah, a emoção é a essência.

A emoção é o coração batendo.

A emoção é o sentido profundo de por que estamos ali.

A emoção é a história viva de quem celebra.

E eu criei.

Eu criei uma festa linda.

Uma festa única.

Uma festa que não podia ser copiada, porque ela só fazia sentido para aquela pessoa, para aquele homenageado, para aquela cidade.

As pessoas chegavam e se deparavam com um trem gigante, passando por um túnel, como se estivessem entrando na própria memória dele.

Dentro desse túnel, eu coloquei as principais matérias que ele havia escrito, os jornais antigos, as reportagens dele que marcaram a cidade.

As pessoas caminhavam e sentiam que estavam vivendo a história dele.

E o bolo?

Ah, o bolo foi uma obra de arte.

Todo pintado à mão, com as imagens da cidade, que eu busquei nos arquivos municipais antigos, lá na prefeitura.

Cada detalhe, cada pincelada, era um pedaço de memória transformado em açúcar.

Eu validava, ali, diante dos olhos de todos, que festa é sobre experiências.

E mais: que experiência precisa contar uma história.

E que história precisa ser honrada.

Sempre.

Principalmente por quem celebra.

Eu entendi, de uma vez por todas, que fazer festa é dar vida a um passado que precisa ser lembrado, é transformar história em beleza, é fazer o tempo parar por algumas horas para que o amor seja sentido, para que o pertencimento ancestral seja vivido.

Eu entendi que festa não é só um evento no calendário.

Festa é um ato de resistência emocional.

Festa é um grito de memória.

Festa é um abraço entre o passado, o presente e o futuro.

E é por isso que eu digo, com toda a certeza da minha vida:

Festa não é só sobre forma.

Festa é, e sempre será, sobre emoção.

E é por isso que eu estou aqui.

Para contar essa história.

Eu segui no mercado, segui crescendo.

E a carreira, ah, a carreira voava.

Eu me tornei uma das maiores referências do Norte do Brasil.

Eu era respeitado.

Eu era conhecido.

Eu tinha clientes, tinha dinheiro, tinha agenda cheia.

Eu pertencia à *Book Festas*, a revista dos maiores nomes do mercado de eventos sociais de luxo no Brasil.

Eu era um dos nomes.

Mas sabe o que eu fiz?

Eu ousei.

Eu fui além.

Eu fiz uma publicação inédita.

Podem ir lá conferir: *Book Festas* – Edição 10.

Eu mostrei o poder das festas humanizadas.

Festas com autenticidade.

Festas com afetividade.

Festas com propósito.

Eu mostrei que festa não é produto.

Festa é memória afetiva.

Festa é cura.

Festa é tradição viva.

Festa é ponte invisível que conecta as pessoas com a sua história, com sua ancestralidade, com a sua essência mais profunda.

E, no meio dessa carreira brilhante, no meio das luzes, dos contratos, dos eventos de luxo do capitalismo desenfreado,

Eu comecei a estudar outras coisas.

Comecei a estudar o que ninguém falava dentro do mercado de eventos.

Eu comecei a mergulhar em desenvolvimento humano.

Vocês sabem o que é Desenvolvimento Humano?

De verdade?

Não é só sobre fazer um curso, ler um livro, ou decorar frases de efeito.

Desenvolvimento Humano é sobre crescer como pessoa.

É sobre sentir, errar, aprender, se transformar.

É sobre entender que você não é só o que você faz, mas quem você é no mundo.

Desenvolvimento Humano é você se olhar no espelho e perguntar:

"Quem sou eu quando ninguém está vendo?"

É você entender suas dores, seus medos, suas limitações.

É olhar para suas feridas, para o seu passado, para a sua história, e escolher:

"Eu vou ser maior do que isso."

É sobre evoluir como ser humano para evoluir em todas as áreas da vida.

Agora,

O mercado de eventos fala sobre isso?

Fala sobre Desenvolvimento Humano?

Sobre emoções?

Sobre memórias?

Sobre propósito?

Sobre ancestralidade?

Sobre o impacto invisível que um evento pode ter na alma de uma pessoa?

Não.

O mercado de eventos fala de orçamento.

De planilha.

De mesa posta.

De protocolo.

De número de seguidores.

E sabe o que acontece?

O mercado cria eventos que são lindos para o Instagram...

Mas vazios para o coração.

É por isso que eu estou aqui.

É por isso que eu escrevi este livro.

Porque eu sei — e agora você sabe também — que o verdadeiro evento não é sobre estética, é sobre essência.

O verdadeiro evento não é sobre forma, é sobre emoção.

E o verdadeiro Desenvolvimento Humano começa quando você para de olhar para fora.

E começa a olhar para dentro.

E foi aí que eu comecei a olhar pra dentro.

Sabe como?

Quando uma grande amiga, a numeróloga Fabiana Ferreira, me apresentou a um nome que mudou a minha vida: Pitágoras.

Sim, Pitágoras!

O matemático? Sim.

Mas também o filósofo.

O homem que dizia que existe um mistério por trás de tudo.

Vocês já pararam pra pensar nisso?

Ou vocês acham que o dia que vocês nasceram não significa nada?

Vocês acham que foi só coincidência?

Nada é só coincidência.

Tudo é frequência, tudo é energia.

Por que vocês fazem aniversário então?

Por que cantamos parabéns?

Por que celebramos, mesmo sem entender o motivo?

Se pergunte:

Por que eu faço ou trabalho com eventos?

Será que é só pra ganhar dinheiro?

Pra cumprir tabela?

Pra bater meta?

Ou tem algo muito maior por trás disso?

E o mercado de eventos, ah, o mercado de eventos ainda não entendeu isso.

Porque, enquanto vocês estão preocupados com a cena linda, com o tamanho do arranjo, com o número de seguidores...

Estão esquecendo de perguntar:

Por quê?

Por que eu estou aqui?

Por que eu estou fazendo isso?

Por que eu organizo eventos?

E eu estou aqui pra dizer:

Você faz eventos porque o mundo precisa celebrar.

Você faz eventos porque as pessoas precisam sentir.

Você faz eventos porque cada data, cada número, cada detalhe é um portal para algo maior.

E quando você entende isso...

Ah, quando você entende isso...

Você para de fazer eventos só com as mãos.

E começa a fazer com o coração.

Mas só filosofia não me bastava, eu sempre fui curioso né? E então comecei a estudar inteligência emocional.

Aqui, eu não posso e jamais poderia deixar de mencionar o nome dele: Rodrigo Fonseca.

Rodrigo foi um dos anjos que Deus colocou no meu caminho.

Sabe aquela pessoa que chega de mansinho, te olha nos olhos e enxerga o que ninguém mais viu?

Foi assim.

Rodrigo olhou pra mim, mas não olhou só pra fora, pra minha casca de produtor de eventos, de cerimonialista de luxo, de quem já tinha feito mais de 700 festas.

Ele olhou pra dentro de mim.

E ele me perguntou, com a calma de quem sabe o que está perguntando e a firmeza de quem quer que você acorde:

"O que fizeram com você, Felipe?

Quem disse que você não tem valor?"

Eu lembro de ficar sem palavras.

Porque, de verdade, eu não sabia responder.

Eu não sabia colocar em palavras o que eu sentia — só sabia que eu carregava um peso que não era meu, um silêncio que não era meu, uma dor que não era minha.

E Rodrigo, com o dom que só ele tem, me fez enxergar: Eu tinha valor. Eu sempre tive valor.

Ele me fez ver que tudo o que eu vivi a dor, a luta, a jornada, os abusos, as dificuldades não diminuíam a minha essência.

Pelo contrário: me fortaleciam.

Me faziam único.

Me faziam ser quem eu sou: um artista, um criador, um sonhador, um realizador de emoções.

Rodrigo não é só um professor, um mentor, um especialista em inteligência emocional.

Ele é alguém que abraça com a alma.

No final de tudo o que eu aprendi sobre emoções, autoconhecimento e inteligência emocional, foi o abraço de Rodrigo, de coração pra coração, que ficou gravado em mim como um selo sagrado.

Ele me disse:

"Voe, Felipe. Voe e seja luz dentro do mercado de eventos.

Seus casamentos são mais do que bonitos, eles serão experiências, são portais de emoção, são histórias que você eterniza com sua arte.

Você tem uma missão."

E, Rodrigo, hoje eu digo:

Eu estou voando.

Eu estou voando porque você acreditou em mim.

Eu estou voando porque você me lembrou de quem eu sou.

Eu estou voando porque você segurou a minha mão quando eu quase esqueci a minha própria força.

Rodrigo, eu te honro.

Eu te respeito.

Eu te admiro sempre.

E este livro, esta história, esta nova fase da minha vida...

Carrega o seu nome, o seu legado, a sua mão estendida quando eu mais precisei.

Rodrigo Fonseca, meu eterno anjo de asas abertas.

Eu já sabia o que era Desenvolvimento Humano.

Eu já sabia o que era Inteligência Emocional.

Mas eu queria mais.

Eu queria ciência.

Eu queria entender o porquê.

Por que o mercado de eventos se comporta de maneira tão errada?

Por que tanto ego?

Por que tanta vaidade, competição, disputa, inveja?

Por que as pessoas se perdem no meio de tanto poder, e esquecem da essência?

E foi então que ela apareceu na minha vida:

Dra. Ana Beatriz Barbosa

Sim, Barbosa como eu.

E o que significa Barbosa?

Força.

Força de quem carrega no nome a energia de resistir, de persistir, de transformar o que está à volta.

Eu li os livros dela como quem bebe água no meio do deserto:

- *Mentes Ansiosas*
- *Mentes Depressivas*
- *Mentes Perigosas*
- *Mentes Inquietas*
- *Mentes Consumistas*
- *Mentes Insaciáveis*

Cada página era um tapa na cara e um abraço ao mesmo tempo.

Cada capítulo me fazia pensar:

"Meu Deus, por que o mercado de eventos não pensa assim?

Por que os organizadores não estudam o comportamento humano?

Por que a gente não entende que por trás de cada cliente, de cada fornecedor, de cada profissional, existe uma mente ferida, uma emoção não acolhida, uma história não contada?"

A Dra. Ana Beatriz me ensinou a olhar para as pessoas de um jeito único.

Me ensinou a ver que por trás de cada pedido de um cliente existe um uma memória afetiva a ser criada.

Que por trás de cada fornecedor que não cumpre o combinado, existe ansiedade, medo, trauma.

Que por trás de cada comportamento difícil no mercado, existe uma mente inquieta, insaciável, ferida.

Ela é psiquiatra, mas fala como quem entende o coração humano.

Ela fala de neurociência como quem explica a coração sem usar a palavra "alma".

Ela conecta ciência e vida real.

E eu, que já era apaixonado por emoções, me apaixonei ainda mais pelo estudo da mente, da psicologia, da neurociência.

Comecei a assistir cada palestra dela, cada vídeo, a sublinhar cada página dos livros, e pensava:

"Por que o mercado de eventos não estuda isso?

Por que não entendemos que cada evento é um encontro de histórias, de traumas, de memórias, de emoções?"

Foi aí que eu entendi:

Eu não quero ser só um organizador de eventos.

Eu não quero ser só o cara que monta o protocolo bonito.

Eu quero ser o cara que entende de gente.

Eu quero ser o cara que cura memórias.

Eu quero ser o cara que acolhe emoções.

Eu quero ser o cara que resgata histórias.

Eu quero ser a esperança dentro de um mercado que esqueceu o que é sentir.

E, Dra. Ana Beatriz, de Barbosa para Barbosa, eu digo:

Obrigado por me ensinar que a verdadeira força não está no poder, nem no status, mas no amor pelo ser humano.

Obrigado por me ensinar que o verdadeiro sucesso é ser luz para o outro.

Obrigado por ser inspiração.

Bem, vocês devem imaginar como é a vida de um organizador de festas de luxo, né?

Correria total!

É reunião, é fornecedor, é planilha, é cliente querendo tudo perfeito.

No meio de todos esses conhecimentos, eu sentia que ainda faltava algo.

Eu pensava:

"Meu Deus, por que eu me questiono tanto?

Por que eu pergunto sobre tudo?

Por que eu não consigo só fazer uma festa bonita e pronto, cliente pagou e pronto?"

Foi então que a professora Lúcia Helena Galvão entrou na minha vida.

Sim, gente: filosofia!

Eu já era um filósofo e nem sabia.

Eu já perguntava como Sócrates:

"Por que você quer fazer essa festa?"

Eu já imaginava como Platão:

"Qual é a história de vida dessa pessoa? Que emoção eu posso criar para a vida dela?"

Eu já buscava a essência como Aristóteles:

"O que realmente importa aqui? Qual é o propósito por trás dessa celebração?"

E eu já olhava para o universo como Pitágoras:

"Tudo é número, tudo é energia, tudo é código divino."

Mas a professora Lúcia Helena Galvão.

Ah, ela me fez enxergar além.

Ela me fez olhar para algo que todos nós carregamos, mas quase ninguém sabe onde está:

A alma.

Você acredita em céu?

Então você acredita em alma, né?

E foi aí que eu entendi:

Eu agora sabia falar de alma para alma.

Professora Lúcia Helena, minha eterna admiração.

A arte que você faz com a filosofia mudou minha vida.

Você transforma palavras em pontes.

Você transforma conceitos em abraços.

Você transforma a filosofia em algo que toca o coração.

E é isso que eu sempre fiz com o meu trabalho:

Tocar o coração das pessoas.

Porque fazer eventos não é sobre o protocolo, sobre o poder, sobre o status.

É sobre conexão, essência e memória.

E foi a filosofia, e foi você, professora, que me fizeram entender isso.

Eu comecei a tentar entender o que eu sempre soube, mas não sabia explicar.

Eu queria estudar o que eu já sentia, mas não tinha nome.

Eu queria entender por que, quando eu fazia uma festa, parecia que algo maior estava acontecendo — algo além da técnica, além do planejamento, além do protocolo.

E hoje eu sei:

Eu sei que festa nunca foi, e nunca será, sobre a forma.

Festa é sobre o que você sente quando o coração acelera.

Festa é sobre a emoção genuína.

Festa é sobre lembrar que a vida vale a pena, mesmo quando o mundo pesa.

Festa é sobre celebrar o que somos, de onde viemos, o que carregamos no peito.

Festa é sobre a nossa história, o nosso povo, a nossa essência.

Festa é emoção pura.

Festa é a vida dizendo: Eu estou aqui! Eu resisto! Eu celebro!

E, por isso, eu continuo aqui.

Sem diploma.

Mas com a certeza de que o meu diploma é a minha verdade, a minha conexão, a minha entrega, a minha capacidade de transformar historias através de uma festa.

Bem, eu já conseguia compreender que existia um comportamento errado no mercado de eventos.

Eu não sabia exatamente o que era, nem como explicar.

Era como uma sensação estranha no peito, sabe?

Eu sentia que tinha algo desalinhado, algo que não fazia sentido.

Eu olhava para as festas, para os posts nas redes sociais, para as conversas nos bastidores, e tudo parecia girar em torno de uma única coisa:

Status. Aparência. Luxo do capitalismo desenfreado.

Era como se o verdadeiro sentido das celebrações tivesse se perdido no meio do capitalismo, da industrialização das festas, da necessidade de mostrar nas redes sociais o quanto se gastou, o quão perfeita estava a decoração, o quão impecável foi o evento.

E no meio dessa loucura que eu não sabia identificar, a vida, como sempre, me deu um presente inesperado:

Minha irmã foi pedida em casamento.

Imaginem eu, né?

Eu, o cerimonialista.

Minha única irmã.

Era como se o universo dissesse:

"Felipe, agora é a sua vez de mostrar o que você acredita."

Eu já conhecia o jeitinho dela.

Minha irmã sempre foi de poucas amigas, mais reservada, mais intimista, mais discreta.

Mas eu pensava:

"Eu tenho que proporcionar a ela a melhor experiência. Ela é minha irmã. Ela merece."

Começamos a organizar o casamento.

E vocês imaginam, né?

Irmã de um cerimonialista.

Todo mundo esperava uma festa de 600 convidados, um super evento, uma superprodução.

Eu confesso:

Eu também queria isso.

Eu queria mostrar para o mundo do que eu era capaz.

Eu queria fazer uma festa grandiosa, com todos os fornecedores, com tudo o que ela tivesse direito e mostrar que uma festa pode ser grandiosa mais a essência sempre permanece como plano principal.

Mas,

Ela não queria.

Ela queria ela queria casar na casa de nossos pais.

Queria algo íntimo, autentico, familiar.

E eu?

Eu respeitei.

Mas também fiz um pedido.

"Mana, eu queria te fazer um pedido. Você pode usar o vestido de noiva da mamãe?"

Eu expliquei:

A gente podia fazer alguns recortes, dar uma modernizada, adaptar um pouco.

Mas, para mim, seria muito importante.

Porque, no fundo, eu sabia.

Eu sabia que aquilo não era só um vestido.

Era uma história inteira.

Era memória viva.

Era tradição.

Minha irmã não concordou de primeira.

Ela ficou insegura, achou que podia não dar certo.

Mas eu insisti.

Fiz uma proposta:

"Vamos fazer assim: teremos dois vestidos. Um novo, e o da mamãe adaptado. No dia, você experimenta os dois e decide qual toca o seu coração. Combinado?"

Ela topou.

E aí,

Na primeira prova,

Quando ela vestiu o vestido da minha mãe de 1993, adaptado.

Gente!

Vocês não fazem ideia da conexão que se criou ali.

Eu fiquei em silêncio, só observando.

Minha irmã segurou o vestido, olhou para o espelho, e...

Ela não queria mais largar.

Naquele momento, algo aconteceu.

Era como se minha mãe estivesse ali, sendo honrada pela minha irmã.

Era como se o tempo tivesse se dobrado.

Era como se a história da nossa família estivesse se reescrevendo ali, naquele vestido.

Era minha mãe, era minha irmã, provavelmente será minha sobrinha, era a nossa história, a nossa linhagem.

Era tudo.

Eu nem sei se consigo descrever a emoção que eu senti.

Era como se o tempo tivesse parado.

Era como se eu tivesse visto a tradição renascer diante dos meus olhos.

Eu preciso agradecer, de coração, ao estilista Dan de Lá Costa.

Ele respeitou a originalidade do vestido da minha mãe, cuidou de cada detalhe com tanto amor.

E deixou minha irmã linda.

Radiante.

Brilhando.

E eu pergunto para vocês:

Isso não é a essência de fazer evento?

Compreendem agora?

Isso é tradição.

Isso é o que morreu no mercado de eventos:

A capacidade de transformar um vestido em uma ponte entre gerações.

A capacidade de fazer memórias passarem de bisavós para netos.

Lembram da minha avó, do Círio de Nazaré?

É a mesma coisa.

É sobre gravar memórias afetivas.

É isso, gente.

É isso que eu sempre senti, mesmo sem saber explicar.

Esse é, e sempre será, o verdadeiro propósito de fazer eventos:

Criar memórias que atravessam o tempo.

Manter viva a chama do que realmente importa.

Celebrar o que somos, de onde viemos, e o que queremos deixar para quem vier depois.

Mas,

No meio disso tudo, eu sigo me perguntando:

O que é ser um profissional de eventos?

Lembram da literatura da escola? A gente aprendia aqueles poemas antigos, aqueles nomes de escritores que pareciam tão distantes, né?

Machado de Assis, Castro Alves, Olavo Bilac, José de Alencar...

E eu, lá, tentando entender o que era aquilo, sem saber que, no fundo, aquela história era minha também.

Na escola, eu lia os poemas e decorava os nomes, mas só decorava.

Eu não sabia ainda sentir.

Eu não sabia ainda viver o que estava escrito ali.

Até que um dia, eu comecei a me perguntar:

"De onde vem esse meu sobrenome?

Barbosa, Alencar.

O que significa isso?"

Eu comecei a buscar, a pesquisar, a olhar pra trás.

Foi como se uma semente tivesse sido plantada na escola — e só anos depois ela germinou.

Eu pensei:

"Quem são os meus ancestrais?

Quem eram os Alencar?

Quem eram os Barbosa?

Quem eram essas pessoas que me trouxeram até aqui, que carregaram dores, sonhos, segredos, e me entregaram a vida como um presente?"

Foi assim que eu comecei a fazer a minha própria literatura.

Comecei a escrever a minha própria história.

Comecei a buscar raízes, a montar pedaços de memória, a entender que a minha existência é feita de pedaços de muitas outras existências.

É uma história muito longa.

E vai ficar para outro livro.

Mas, em resumo, eu descobri:

Eu sou da linhagem de José de Alencar.

Sim, aquele José de Alencar.

O romancista.

O político.

O homem que escreveu sobre o Brasil profundo, sobre o sertão, sobre o amor, sobre o tempo, sobre o destino.

O homem que escreveu *Iracema*, *Senhora*, *O Guarani*...

E quando eu descobri isso, sabe o que eu pensei?

"Meu Deus, tá tudo conectado."

Tá tudo conectado.

A minha paixão por contar histórias, a minha vontade de eternizar memórias, a minha missão de transformar festas em experiências de cura...

Tudo isso já estava dentro de mim, dentro do meu sangue, dentro da minha ancestralidade.

Eu sou Felipe Barbosa, e o meu sobrenome carrega a força da terra rachada do sertão, carrega o peso das lutas silenciosas da minha família, carrega o eco das palavras que atravessaram gerações.

E agora, eu entendo:

Eu sou a continuidade de uma história que começou muito antes de mim.

Eu sou a voz de quem veio antes.

Eu sou a memória viva da minha ancestralidade.

Então eu me perguntava o que eu vou fazer dentro do mercado de eventos? Vendo essas festas vazias sem sentimento, vendo meu Instagram lotados de likes de pessoas curtindo cenários e não essência?

É só ganhar dinheiro?

É só ter status?

É só buscar poder?

Ou será que é muito mais?

Existe graduação para ensinar sobre isso?

Ah,

Isso é assunto para o próximo capítulo.

- CAPÍTULO 8 -

O QUE NINGUÉM VÊ, MAS SENTE

(Dividido em duas partes: Antes e Depois da Monarquia)

Bem, este capítulo vai ser o mais longo do livro — e não é à toa. Porque aqui eu quero falar de algo que todo mundo sente, mas ninguém vê. Aqui eu vou colocar em palavras o que 15 anos do meu sangue, suor e lágrimas no mercado de eventos me ensinaram: Evento não é só festa. Não é só luxo do capitalismo desenfreado. Não é só protocolo.

Eu quero te fazer uma pergunta agora:

De onde a gente se inspira para fazer eventos?

Pelo menos no que eu aprendi, a resposta sempre foi:

"A monarquia!"

"A realeza!"

"Os casamentos reais, com todo aquele protocolo, etiqueta, pompa e circunstância!"

É isso que todo mundo prega, não é?

É isso que os livros ensinam, é isso que os cursos repetem, é isso que os eventos de luxo até hoje copiam. Na verdade, até existem pós-graduações no mercado para festas "luxo". Vejam a grade curricular se tem algo parecido com o que eu já escrevi até agora. Todos só falam da técnica, só falam da forma, ninguém fala de emoção.

Mas eu nunca acreditei nisso.

Eu olhava para tudo aquilo e sabia que tinha algo errado.

Agora eu tenho certeza: evento não nasceu para ser isso.

15 anos da minha vida foram dedicados a entender essa verdade.

E agora eu quero que você esqueça a monarquia.

Esqueça a etiqueta, o luxo vazio, o show para as aparências.

Uma pergunta que mudou tudo

Eu me fiz uma pergunta: por que o Natal é magico?

Essa resposta só ficou clara para mim quando eu olhei para o Natal.

Já parou para pensar nisso?

Tem religiões que não celebram o Natal.

- *Testemunhas de Jeová, por exemplo, não comemoram.*
- *Muçulmanos não celebram.*
- *Judeus também não.*
- *Budistas e hinduístas veem como uma data cultural, mas não religiosa.*

E ninguém, absolutamente ninguém, sabe a data exata do nascimento de Jesus. Concordam?

Quem colocou o Natal no dia 25 de dezembro?

Foi a Igreja Católica, no século IV d.C., durante o papado do Papa Júlio I (337-352 d.C.).

O que aconteceu:

A Bíblia não cita a data do nascimento de Jesus.

> O 25 de dezembro foi escolhido porque coincidia com festas pagãs muito populares na época, como a Saturnália romana (festival em homenagem ao deus Saturno, com banquetes, trocas de presentes e muita celebração).
>
> Também era o período do Solstício de Inverno no Hemisfério Norte, quando os povos antigos celebravam o renascimento da luz: o dia começava a crescer, simbolizando a vitória da luz sobre a escuridão.

Ou seja:

A Igreja Católica "batizou" uma festa pagã e deu a ela um novo significado cristão — o nascimento de Cristo.

Foi uma estratégia política e cultural para converter os povos pagãos ao cristianismo, unindo o sagrado cristão ao calendário cultural da época.

Mas, mesmo assim, todo ser humano se encanta com a magia do Natal.

Com a emoção.

Com o encontro da família.

Com o brilho das luzes.

Com o cheiro da comida, com os abraços, com o "Feliz Natal" que preenche o ar.

O Natal é um evento.

Mas o evento não começou no Natal.

O evento é algo muito mais antigo.

Muito mais profundo.

É uma história de pesquisa muito longa que agora eu vou te contar.

Antes das palavras, existia o sentir.

Quando olhamos para os primeiros vestígios da humanidade — as cavernas, como as de Chauvet na França ou as de Altamira na Espanha —, percebemos que não existia ainda a palavra "celebrar" ou "ritual".

Não existia escrita.

Não existia o conceito de evento.

Mas já existia o sentimento.

Já existia a necessidade de marcar momentos especiais, conectar-se ao invisível, agradecer, pedir proteção, contar histórias.

Quando um ser humano pintava um bisão na parede de uma caverna, ele estava, sem saber, criando o primeiro rascunho de um evento.

Era uma expressão de emoção pura: o medo da morte, o desejo de fartura, o amor pelo clã, a conexão com o mistério da vida.

Era uma forma de dizer esse dia é importante para mim.

Ou seja, muito antes de existir a palavra "ritual", o homem já celebrava.

Muito antes de existir a palavra "evento", o homem já vivia eventos.

Eram encontros com a emoção, com o invisível, com o coletivo

Época das cavernas (cerca de 2,5 milhões a 10.000 a.C.).

Caça, coleta, pinturas rupestres, protorrituais.

Emoção: sobrevivência e conexão com o invisível.

Depois das cavernas, a humanidade deu um salto.

Por volta de 10.000 a.C., os seres humanos começaram a parar de vagar e aprenderam a plantar.

Foi o início do Neolítico — a Idade da Pedra Polida.

Mas o que mudou?

Antes, o homem vivia em busca de sobrevivência:

Caçando, coletando frutos, correndo de predadores, desenhando seus medos nas paredes das cavernas.

Eu não escrevi essa frase à toa, não.

Pense comigo:

O que o mercado de eventos pratica hoje não é a mesma coisa?

Não se assemelha o comportamento de muitos profissionais?

Gente correndo o tempo todo, sem parar, sem respirar, sem sentir.

Caçando likes.

Coletando contratos.

Correndo do medo de não fechar venda, de não bater meta, de não agradar cliente.

Desenhando seus medos nas redes sociais, mostrando uma vida que nem sempre é real.

Mas...

Olha o que eles fizeram, lá atrás.

Eles descobriram o poder de plantar uma semente.

De esperar o tempo certo.

De regar.

De cuidar.

De ter paciência.

E um dia,

Eles colheram o fruto.

Agora, para e pensa:

Será que não é isso que a gente precisa fazer no mercado de eventos?

Será que não é chegada a nossa hora de plantar amor, pra colher amor?

De plantar verdade, pra colher relações reais?

De plantar emoção, pra colher memória?

De plantar propósito, pra colher sentido?

Ou a gente vai continuar só correndo, caçando, competindo, comparando...

Fazendo eventos que são lindos por fora, mas vazios por dentro?

Eu acredito que chegou a hora.

Chegou a hora de transformar o mercado de eventos em um campo fértil, no qual a gente planta amor, gratidão, ancestralidade e emoção.

Chegou a hora de lembrar que um evento não é só uma festa.

É um ato de cura.

É um ritual de passagem.

É um portal de memória.

E foi aí que nasceu o primeiro senso de gratidão.

O homem olhou para o céu e para a terra e disse:

"Eu preciso agradecer."

Começou a oferecer comida ao fogo, a dançar sob a lua, a cantar para os deuses da chuva.

O Neolítico não foi só uma evolução humana, foi uma revolução emocional.

Pela primeira vez, o ser humano parou para celebrar.

Parou para honrar a vida.

Parou para agradecer.

Rituais de colheita, cerimônias à fertilidade, festas em torno do fogo.

Aqui não havia poder, nem protocolo, nem etiqueta.

Havia emoção pura: a alegria da abundância, o medo da seca, o desejo de proteger sua tribo.

O Neolítico é o primeiro rascunho dos eventos que conhecemos hoje.

Não havia mesas postas nem vestidos de gala.

Mas havia dança, fogo, música e conexão com o invisível.

A emoção era coletiva, viva e sagrada.

A IDADE DOS METAIS: O SURGIMENTO DO PODER E DAS GRANDES CELEBRAÇÕES

Depois que o homem aprendeu a plantar no Neolítico, ele descobriu outra revolução: o fogo que derrete a pedra.

Assim nasceu a Idade dos Metais:

- *Primeiro o cobre.*
- *Depois o bronze.*
- *E, por fim, o ferro.*

Com isso, surgiram as primeiras ferramentas, armas, utensílios...

Mas, com os objetos, nasceu algo ainda mais poderoso: a ideia de domínio sobre a natureza e sobre outros homens.

Quem tinha o metal, tinha poder.

E com o poder, nasceu o desejo de eternidade.

As Pirâmides: O Maior Evento de Gratidão e Poder da Humanidade

Foi nesse tempo que o homem olhou para o céu e disse:

"Eu preciso agradecer aos deuses, mas também preciso mostrar que eu existi."

As Pirâmides do Egito, por exemplo, não foram só túmulos. Elas foram o maior evento coletivo de gratidão, fé e poder que a humanidade já realizou.

Pensa comigo:

- *Milhares de homens e mulheres trabalhando por décadas, sem tecnologia moderna.*
- *Levando pedras que pesavam toneladas no meio do deserto.*
- *Criando um espetáculo arquitetônico que ainda hoje nos deixa sem palavras.*

Tudo isso não era apenas para sepultar um faraó.

Era para celebrar a grandeza da vida.

Era para dizer ao universo:

"Eu existo, eu sou eterno, e essa obra é minha gratidão aos deuses."

As Pirâmides eram eventos em si mesmas.

Cada pedra colocada era um ato de fé, uma prece silenciosa, um agradecimento à vida.

Era um espetáculo de força coletiva e também de emoção coletiva.

> **A Idade dos Metais ensinou que o evento é a soma de poder e emoção.**

O poder de construir, de marcar, de deixar um legado.

A emoção de pertencer a algo maior, de se conectar com o divino, de celebrar o mistério da existência.

É isso que eu quero que você entenda:

O evento nunca foi só estética ou protocolo.

O evento sempre foi sobre emoção.

Sempre foi sobre gratidão.

Depois das pirâmides, o mundo caminhou para uma nova era: a Antiguidade Clássica — marcada pelo brilho da Grécia e de Roma.

Mas aqui, gente, algo muito profundo mudou.

O que antes era ritual sagrado para agradecer aos deuses, agora começou a se tornar um espetáculo para os homens verem.

Foi na Grécia que surgiram as primeiras Olimpíadas — um evento para homenagear Zeus, é verdade, mas também para mostrar quem era o mais forte, o mais ágil, o mais grandioso.

A glória pessoal começou a ocupar o lugar da gratidão coletiva.

E em Roma, ah, em Roma o evento virou poder escancarado.

Os coliseus foram erguidos não para celebrar a vida, mas para mostrar o domínio do Império.

Lutas de gladiadores, batalhas navais simuladas, execuções públicas — o evento se tornou controle social.

Eram o pão e o circo: dar diversão ao povo para mantê-lo obediente, o que existe até hoje, certo?

A Antiguidade Clássica transformou o evento em espetáculo.

O evento deixou de ser um ato de gratidão simples e virou um teatro para o poder se exibir.

O Poder, o protocolo, a pompa começaram a nascer aí.

O evento virou uma ferramenta política.

O protocolo virou uma forma de separar quem manda e quem obedece.

A estética começou a valer mais que a emoção.

O ego começou a gritar mais alto que o coração.

Mesmo em meio à grandiosidade dos templos, estátuas e festas públicas, o evento ainda carregava uma chama invisível:

A emoção humana de pertencer, de ser parte de algo maior, de sentir-se vivo na coletividade.

É por isso que eu te convido a olhar para o passado com novos olhos:

Não para copiar a forma, mas para sentir o sentido.

Chegamos agora à Idade Média — uma era de castelos, coroas e igrejas, mas também de medo, repressão e desigualdade brutal.

Aqui, o evento virou espetáculo oficial do poder.

Os reis e rainhas entenderam o que a Grécia e Roma já ensaiavam:

Se eu controlar o espetáculo, eu controlo o povo.

Nasceram as coroações, os casamentos reais, os banquetes, as procissões — tudo marcado por um protocolo rígido, criado para separar quem manda de quem obedece.

E aqui, gente eu que trabalho com casamentos há 15 só fui descobrir isso 4 anos atrás, você também não deve saber, eu preciso te contar uma verdade que pouca gente sabe:

Na Idade Média, o vestido de noiva não era branco.

Sim, pode chocar, mas o branco não era a cor das noivas naquela época.

As noivas usavam vestidos coloridos, bordados, vermelhos, azuis, dourados, com joias e tecidos pesados.

Porque a prioridade não era pureza ou romantismo, era mostrar status, poder, dinheiro e aliança política.

O casamento era um contrato entre famílias, uma demonstração pública de força, não uma celebração de amor.

O Protocolo Nasce Para Controlar, não para educar.

Foi na Idade Média que o protocolo como conhecemos hoje começou a ser codificado:

- *A ordem dos convidados.*
- *Quem senta onde.*
- *Quem fala primeiro.*
- *Quem pode usar qual cor.*
- *O que se pode ou não fazer.*

Tudo virou regras, e as regras eram feitas para proteger o poder da monarquia e da Igreja.

A Ilusão do Poder

O evento deixou de ser um momento de emoção genuína e virou um teatro em que cada gesto era ensaiado.

O vestido deixou de ser só um tecido e virou um símbolo de poder.

O banquete virou uma exibição de riqueza.

A festa virou uma ferramenta de propaganda.

A emoção?

Ah, a emoção foi silenciada.

O povo aplaudia, mas não sentia.

O evento virou cenário, não experiência.

TRANSIÇÃO: DA MONARQUIA À ERA MODERNA — QUANDO O BRANCO VIROU SÍMBOLO

A Idade Média terminou, mas o protocolo ficou.

O poder continuou a ser uma ferramenta de controle.

As festas reais eram cada vez maiores, cada vez mais teatrais, cada vez mais distantes da emoção verdadeira.

Mas então, no século XIX, uma mulher entrou para a história:

Rainha Vitória, da Inglaterra.

No dia do seu casamento, em 1840, ela escolheu um vestido branco.

Sim, branco.

E aquilo foi um escândalo.

Na época, as noivas usavam vestidos coloridos, como já te contei — vermelhos, dourados, bordados, veludos.

Branco era a cor dos funerais, da morte, do luto.

Mas Vitória decidiu:

"Eu vou casar de branco."

E mais: ela não era só a rainha, era uma mulher.

Uma mulher que, apesar do trono, amava seu marido, Albert, de verdade.

Naquele vestido branco, Vitória não quis mostrar poder.

Não quis exibir status.

Ela quis mostrar pureza. Não a pureza da carne, mas a pureza da emoção.

A partir daquele momento, o branco virou o símbolo do casamento.

Mas, veja bem: o branco não foi uma invenção do poder, foi um ato de humanidade.

Foi a emoção de uma mulher que escolheu amar.

A Era Moderna e a Industrialização do Evento

Mas, como tudo na história, o branco também foi apropriado pelo mercado.

A Revolução Industrial trouxe fábricas, tecnologia, produção em massa.

O que era emoção virou mercadoria.

O casamento virou indústria.

O evento virou produto.

As emoções foram embaladas para vender.

O poder se tornou aspiração.

O branco virou moda, e a pureza virou marketing.

E o que era para ser celebração, virou comparação.

O evento deixou de ser um encontro de emoções e passou a ser uma vitrine de poder.

Mas eu estou aqui para te lembrar:

A Rainha Vitória era uma mulher, não um protocolo.

O bolo de casamento da Rainha Vitória não tinha vários andares, como os bolos atuais, mas era uma obra de arte monumental — e foi o primeiro bolo de casamento a popularizar o glacê branco, que se tornou moda depois dela.

O branco era um ato de amor, não de poder.

O evento nasceu para ser um ato humano, não um produto para vender.

Na Era Contemporânea, os casamentos reais continuaram a ser o grande palco do poder.

Mas algo começou a mudar.

Mesmo entre coroas, tronos e protocolos, a emoção começou a gritar mais alto que o controle.

Vamos entender isso em três grandes marcos da história:

Lady Diana e o Casamento que Hipnotizou o Mundo (1981)

O casamento de Lady Diana Spencer e o Príncipe Charles, em 1981, foi um espetáculo global:

Milhões de pessoas assistiram à cerimônia pela TV.

Diana se tornou o símbolo da princesa moderna, com seu vestido volumoso, seu sorriso tímido e seu olhar humano.

A imagem da noiva descendo as escadas da Catedral de St. Paul foi o ápice da estética do poder.

Lembram da minha mãe?

O vestido dela, de 1993,

Ah, aquele vestido não era só um vestido.

Era uma história, era um sonho, era um símbolo.

E sabe o que é mais lindo?

O mesmo vestido que ela usou, anos depois, foi usado pela minha irmã.

E esse vestido foi inspirado em ninguém menos que Lady Diana.

Mas, por trás de tudo aquilo que Tv falava sobre o casamento de Lady Diane e Charles, havia dor, tristeza, silêncio e um contrato social:

O protocolo era mais importante que o amor.

Diana virou inspiração, mas também prisioneira de um sistema que não permitia sentir de verdade.

Gente, eu vou confessar uma coisa pra vocês.

É assim que eu me sinto hoje dentro do mercado de eventos:

Como um símbolo de poder e glamour, um rosto bonito nas redes sociais, um nome conhecido.

Mas, na real,

Eu não posso mostrar o que está por trás da estética.

Eu não posso mostrar a essência de verdade.

Eu não posso dizer que por trás de cada festa, de cada decoração impecável, de cada brinde com taça de cristal.

Tem emoção.

Tem história de vida.

Tem memórias que ninguém vê, mas que eu sinto quando estou montando o evento.

Tem abraço que a noiva dá no pai como se fosse o último.

Tem gente que sonhou com aquele dia a vida inteira e não vai conseguir estar ali pra ver.

Eu me sinto como alguém que precisa manter a pose, sorrir bonito, mostrar o luxo...

Mas que carrega dentro de si uma verdade que ninguém quer ver:

Eventos são emoção.

Eventos são memória.

Eventos são alma viva.

Eventos são cura.

E é por isso que eu estou aqui, escrevendo este livro.

Pra dizer pra vocês — e pra mim mesmo: Não dá mais pra esconder.

Não dá mais pra fingir que evento é só estética.

Não dá mais pra ignorar o que a o meu coração grita.

Evento é forma + emoção

Kate Middleton e William: O Casamento da Quebra de Protocolos (2011)

Em 2011, o mundo viu Kate Middleton, uma mulher sem título real, casar-se com o futuro rei da Inglaterra, Príncipe William.

Isso já era, por si só, uma ruptura histórica:

Kate não era da realeza.

Sua família era "do povo", e isso abalou as estruturas do palácio.

Mas eles souberam manter a imagem do poder, com uma cerimônia ainda grandiosa, impecável e tradicional.

Kate sorriu, mas os protocolos ainda estavam lá:

O vestido branco, a procissão, o formato clássico.

Foi um casamento que tentou ser humano, mas ainda preso às tradições da monarquia.

Harry e Meghan: A Revolução no Altar (2018)

Em 2018, o mundo viu Harry e Meghan quebrarem todas as regras.

Meghan é norte-americana, divorciada, birracial — tudo o que a monarquia britânica jamais esperaria de uma princesa.

O casamento foi uma mistura de culturas:

Coral gospel.

Sermão emotivo de um bispo negro norte-americano.

Um bolo simples, pequeno, feito com ingredientes orgânicos, fugindo dos bolos gigantescos e luxuosos dos casamentos anteriores.

Harry e Meghan tentaram mostrar ao mundo um novo olhar:

O evento como um ato de amor humano, não apenas um espetáculo de poder.

Claro, o poder ainda estava lá, mas o casamento deles foi um grito:

"Somos humanos antes de sermos reis e rainhas."

Bem, me diz uma coisa:

Alguém já viu os bastidores por trás das câmeras desses eventos grandiosos que eles exibem?

Alguém já parou pra pensar no sentimento deles, na dor escondida, no choro depois que as luzes se apagam?

Alguém consegue mensurar os aniversários que eles comemoram todos os anos?

Os encontros em família, os momentos simples?

Não, né, gente?

Porque eles não querem mostrar. Esse é o Luxo deles!

Eles já entenderam que a vida deles virou um palco.

E palco não mostra vulnerabilidade, não mostra lágrima, não mostra verdade.

Palco exibe.

Palco performa.

Palco engana.

E olha a tragédia que aconteceu com Lady Diana.

Lembram?

A mulher mais famosa do mundo,

Linda, carismática, fotografada em todos os ângulos...

Mas sufocada por dentro.

Fama, poder, holofotes — e tudo o que ela queria era ser ela.

Humana.

> **Esta parte do capítulo eu dedico a você: Diana Frances Spencer, nascimento: 1º de julho de 1961, morte: 31 de agosto de 1997**

É por você que eu escrevo esta história. A princesa do Povo.

Para mostrar que a fama pode ser boa, sim.

Mas também pode matar e sufocar.

Porque o mundo não precisa de aplausos, luzes, status, poder.

O mundo precisa de emoção.

De verdade.

De encontros que toquem a coração.

Celebrar não é sobre aparecer.

Celebrar é sobre sentir.

- PARTE 2 -

O QUE REALMENTE APRENDEMOS?

Vocês sabiam de toda essa contextualização?

Das cavernas ao Neolítico.

Das pirâmides aos casamentos reais.

Da Rainha Vitória ao espetáculo do sistema.

Dos bastidores que ninguém vê.

Das lágrimas escondidas atrás das fotos perfeitas.

Eu também não sabia.

Eu tive que estudar 15 anos para ter esse conhecimento o que nenhuma faculdade me mostrou.

Eu tive que viver, sofrer, sentir e questionar tudo o que me ensinaram sobre eventos.

Eu tive que desaprender o que o mercado dizia e reaprender o que a emoção gritava.

Agora, vamos entender o mundo atual, o que a gente vive hoje, certo?

Me responde:

Existe faculdade de Eventos?

Existe um curso superior que forme profissionais preparados para organizar emoções, criar experiências e transformar vidas?

No Brasil, a resposta é não — ou melhor, ainda não.

O que existe são cursos de produção, de gestão, de marketing, de turismo...

Mas a profissão "organizador de eventos" não é regulamentada por lei.

O mercado de eventos vive num limbo:

- *A gente é necessário, mas não reconhecido.*
- *A gente é cobrado, mas não protegido.*
- *A gente é aplaudido no palco, mas esquecido nos bastidores.*

O Que Diz a Lei?

No Brasil, a Constituição Federal até garante o livre exercício de qualquer trabalho, ofício ou profissão, desde que respeitadas as qualificações previstas em lei (art. 5º, XIII).

No entanto, não existe uma lei federal que reconheça e regulamente a profissão de organizador de eventos.

Não existe um conselho profissional que nos defenda, que lute por nossos direitos, que defina um piso salarial, um código de ética, um protocolo de boas práticas.

O mercado de eventos cresceu, movimenta bilhões, gera empregos, cria memórias, mas não tem um Conselho de profissão.

A gente é essencial, mas invisível.

A gente cria momentos inesquecíveis, mas o sistema nos trata como supérfluos.

E aí eu te pergunto:

Como é que a gente pode transformar o mundo se a gente mesmo não é reconhecido?

Como é que a gente pode celebrar a vida se o nosso trabalho não é celebrado como ele merece?

O sistema, com sua sede de controle, pegou o evento e fez dele uma ferramenta de manipulação.

Ela criou as subdivisões para organizar, catalogar, e fingir que entende:

- *Eventos Públicos*
- *Eventos Educativos*
- *Eventos Corporativos*
- *Eventos Institucionais*
- *Eventos Culturais*
- *Eventos Sociais.*

Bonito, né?

Parece técnico, parece profissional, parece racional.

Mas a verdade é outra:

Todos eles têm algo em comum.

Todos os eventos — TODOS — são, no fundo, sobre celebrar e gravar memórias.

Seja um casamento, um congresso, uma posse presidencial ou uma reunião de diretoria, é sempre sobre marcar o tempo, reunir pessoas, viver uma emoção.

É o humano tentando dizer:

"Eu existi. Eu vivi isso. Eu quero lembrar."

Mas o que o sistema faz com isso?

Ele ainda usa o evento como pão e circo.

Nada mudou desde Roma.

Eles oferecem festas, shows, inaugurações, fogos de artifício...

Enquanto o povo aplaude, eles desviam.

Enquanto o povo dança, eles enriquecem.

Enquanto o povo esquece, eles decidem.

O evento, na mão da política, virou distração.

Virou anestesia.

Virou espetáculo para manter a massa ocupada enquanto o poder se move nos bastidores.

Mas o evento não nasceu para isso.

O evento nasceu para celebrar, agradecer, gravar memórias reais, emocionar de verdade.

O evento nasceu para ser cura, educação e não controle.

Para ser encontro, não manipulação.

Para ser verdade, não distração.

O MERCADO DE EVENTOS NO BRASIL: O ESPETÁCULO QUE A MÍDIA QUER VENDER

Agora que você entendeu de onde viemos, vamos falar sobre o mercado de eventos no Brasil — o palco no qual a gente vive e trabalha.

O Brasil tem um dos maiores mercados de eventos do mundo.

Movimenta bilhões de reais todos os anos.

Gera milhares de empregos diretos e indiretos.

A cada semana, são milhares de festas, casamentos, congressos, feiras, formaturas, shows, desfiles, premiações, lançamentos...

É um mercado gigante, pulsante, essencial.

Mas sabe o que acontece?

A TV, os jornais, as revistas, as redes sociais só mostram o espetáculo.

Mostram o glamour, o cenário, o grande, o impressionante.

Mostram os casamentos de celebridades, os eventos corporativos milionários, as festas de luxo com 500 convidados, 300 mil flores e fogos de artifício que duram 10 minutos.

Gente, eu estou falando de um mercado de festas de luxo que eu atuo há 16 anos.

Eu não estou falando de teoria, de achismo, ou de blá, blá, blá de quem nunca viveu na prática.

Eu estou falando da minha vivência real, do que eu vi, do que eu senti, do que eu presenciei.

Eu já fiz festas milionárias, festas que custaram valores que vocês nem imaginam.

Festas com luzes, som, cenografia, open bar, luxo pra todo lado...

Mas sabe o que é mais louco?

Nenhuma dessas festas queria ser manchete de jornal.

Nenhuma dessas pessoas queria aparecer na capa de revista, no feed da blogueira, no *trending topics* do X.

O que elas queriam?

Viver aquele momento.

Sentir.

Celebrar com a família, com os amigos, com quem realmente importa.

Guardar na memória, não na rede social.

E sabe por quê?

Porque, no final, por mais que o mercado de eventos venda imagem, o que as pessoas querem mesmo é emoção.

Elas não querem só o evento bonito, o protocolo perfeito, a decoração dos sonhos.

Elas querem sentir que aquele dia foi único.

Elas querem olhar pra trás e dizer: foi inesquecível.

Elas querem viver o agora.

É por isso que eu digo:

O Poder é passageiro. A emoção é eterna.

E o verdadeiro propósito dos eventos não é ser bonito no Instagram, é ser inesquecível no coração de quem viveu.

Mostram o grandioso.

Porque o grandioso vende.

O grandioso atrai.

O grandioso cria manchete.

E aí você vê na televisão:

"O casamento do ano, avaliado em 5 milhões de reais."

"O evento que parou a cidade."

"A festa que reuniu os famosos."

Mas eu te pergunto:

Onde estão as reportagens sobre o sentido dessas celebrações?

Quem fala sobre a emoção do noivo ao ver a noiva caminhando rumo ao altar?

Quem mostra o choro da mãe ao ouvir o "sim"?

Quem se importa com o abraço sincero no final da festa, quando as luzes já apagaram e o protocolo acabou?

Ninguém.

Porque o mercado e a mídia só querem saber do número, do impacto, da imagem.

O mercado aprendeu a vender evento como espetáculo.

E a mídia amplifica esse espetáculo até ele se tornar um padrão inalcançável.

Mas evento não é apenas espetáculo.

Evento não é só um palco bonito, luzes perfeitas, flores deslumbrantes, vestido caro, maquiagem impecável.

Evento não é só o que a foto mostra.

Evento é o que você sente.

Sabe a emoção que desperta quando você assiste um filme que te marca?

Sabe aquela sensação de arrepio, de lágrima caindo sem você perceber, de sorriso que vem do nada?

Ou quando você assiste a uma peça de teatro e, de repente, uma fala do ator te atravessa como uma flecha e você pensa:

"Meu Deus, isso sou eu!"

É sobre isso.

Agora, me diz:

Você controla essa emoção?

Não, né?

A emoção vem sem pedir licença.

Ela invade.

Ela pulsa.

Ela domina.

Porque a emoção é viva.

Então, vamos entender uma coisa:

Evento não é sobre seguir um roteiro de um filme.

Não é sobre repetir fórmulas, copiar o Pinterest, seguir o protocolo como se fosse um manual engessado.

Evento é sobre viver o seu próprio filme.

É sobre ser o protagonista da sua história.

É sobre ser o ator principal da sua peça.

É sobre escrever o roteiro enquanto vive.

Claro que precisa ter um script, um planejamento, uma organização.

Mas esse script jamais pode ofuscar a emoção.

Porque se o protocolo sufoca o sentir, o evento vira uma encenação vazia.

Vira uma festa bonita que não deixa saudade.

Vira um luxo sem propósito.

Eu aprendi que o verdadeiro evento é aquele que te faz sentir sem controlar.

É aquele que te leva pra um lugar onde o riso vem fácil, onde o choro é bem-vindo, onde o abraço é verdadeiro.

É aquele que, quando acaba, você não quer ir embora — porque você sabe que viveu algo único, seu, verdadeiro.

E é isso que eu quero dizer:

O evento não é espetáculo. O evento é emoção.

E a emoção, ah, a emoção é o que fica.

Evento é memória.

É emoção crua.

É o que ninguém vê, mas todo mundo sente.

O verdadeiro evento não é o que sai na capa da revista.

É o que fica no coração de quem viveu.

Por isso eu digo:

O mercado de eventos do Brasil é gigante, sim, mas ainda é um mercado cego.

Até aqui foram muitos anos de estudo.

Muitos.

Anos de mergulhar em livros, artigos, teorias, conversas, histórias antigas e dores modernas.

Mas agora me diz:

Como eu, Felipe Barbosa, cerimonialista de festas de luxo, poderia falar disso dentro do mercado?

Como?

Ninguém permitia.

Ninguém queria ouvir.

Ninguém deixava.

Porque o mercado de eventos não quer saber de emoção. Todo mundo só quer vender!

Ninguém quer saber de filosofia, de antropologia, de psicologia, só quer copiar o que não pertence a eles.

O mercado quer o palco brilhando, o dinheiro rolando, o fornecedor adoecido mentalmente.

Quer o profissional cansado, engolindo ansiedade e crise de pânico, competindo para ser o melhor na foto, no post, no feed.

Quer cliente insatisfeito, porque o fornecedor não entregou o prometido, descobre que estão sendo enganados com comissões ocultas...

Quer processos judiciais acontecendo, mas ninguém fala sobre isso.

Quer a aparência perfeita, mas o bastidor é um cemitério de gente ferida.

E o que sempre me matou por dentro, o que me tirava o sono, o que me fazia gritar em silêncio, foram as comissões ocultas.

Vocês sabem do que eu estou falando, né?

Aquelas comissões escondidas que rolam dentro do mercado de eventos.

Aquele dinheiro que o cliente paga sem saber.

Aquele acordo de bastidor que viola o Código de Defesa do Consumidor, sem a menor vergonha.

Vocês têm noção disso?

Do quanto isso é grave?

Grupos sendo formados para manipular clientes, para forçar fornecedores a pagarem comissão, tirando do valor deles, da dignidade deles, da vida deles.

Gente, isso foi me sufocando.

Todo esse palco, esse ego, essa luxúria vazia, esses comportamentos emocionais descontrolados que eu via e ficava calado.

Eu via, eu sentia, eu entendia.

Porque eu já tinha o conhecimento.

Eu já tinha estudado sobre tudo isso, o sentimento escondido, a história por trás da festa.

Mas não parei.

Eu fui buscar mais.

E se eu pudesse resumir este livro, este grito, este desabafo, este manifesto...

Se eu pudesse resumir tudo o que eu escrevi até aqui em 30 segundos, eu diria:

VAMOS NOS UNIR!

Você também ama fazer eventos.

Mas eu não suporto mais ver a beleza da celebração ser usada como moeda de troca para o ego e o lucro.

Eu não aguento mais ver a emoção sendo sufocada pelo sistema.

Eu não aceito mais o silêncio.

Eu amo ver a emoção nos olhos do cliente.

Eu amo criar memórias que ninguém pode comprar.

Eu amo ser o guardião do que é invisível.

Eu amo celebrar.

Bem, até aqui eu já contei pra vocês tudo o que estudei, certo?

Mas agora me diz:

Vocês já me viram fazer alguma festa de aniversário depois dos 18 anos?

Não, né?

Porque eu nunca fiz.

Nunca quis.

Eu sempre optei por viajar.

Eu escolhi estar no mundo, sentir o mundo, aprender com o mundo.

Eu sempre amei buscar novas culturas, descobrir sabores que eu nunca tinha provado, ouvir músicas diferentes, aprender tradições que eu nem sabia que existiam.

Já conheci vários países.

E eu sei o que muitos de vocês pensavam:

"Nossa, o Felipe é chique demais, hein? Olha esse glamour, cada lugar lindo... Deve estar esbanjando dinheiro, só curtindo a vida..."

Mas sabe o que ninguém via?

Ninguém via que, enquanto vocês achavam que eu estava exibindo glamour,

eu estava, na verdade, viajando pra dentro de mim mesmo.

Ninguém via que, enquanto vocês comentavam a foto bonita,

eu estava sentado em algum canto, no meio de uma praça ou num café desconhecido, escrevendo perguntas sobre a minha vida.

Ninguém via que eu não estava só fazendo turismo,

eu estava fazendo terapia sem saber.

Eu estava estudando Antropologia sem saber.

Eu estava entendendo o comportamento humano, as culturas, os rituais, as histórias de cada lugar.

Cada aniversário meu era como uma viagem no tempo.

Era como se o universo me dissesse:

"Felipe, vai, aprende.

Descobre o porquê de você ser quem é.

Olha pro mundo, mas olha pra dentro também."

Lembram do que eu falei sobre Desenvolvimento Humano?

Era isso, gente.

Eu não sabia na época, mas era exatamente isso:

Eu estava estudando a mim mesmo, a vida, o mundo.

Todos os meus aniversários, eu fazia um vídeo lindo, emocionante, postava no Instagram, sempre com uma mensagem dizendo que eu era grato aos meus clientes, porque eles me davam o privilégio de celebrar a vida deles.

Tem vídeo meu de anos atrás falando sobre isso.

Pode olhar, está lá, registrado.

Era o meu jeito de dizer:

"Obrigado, porque eu celebro a sua vida, mas também estou celebrando a minha missão."

E foi assim que eu fui vivendo...

Viajando...

Vivendo...

Sentindo...

Estudando sem saber.

Mal sabia eu que eu estava estudando Antropologia.

Vocês conhecem Antropologia?

Eu já a citei aqui antes.

Mas, na época, eu também não sabia o que era.

Nem fazia ideia.

Só que, numa dessas viagens de aniversário, eu fui parar no Deserto do Atacama.

Vocês conhecem?

Gente, que lugar!

Que paisagem!

Que silêncio!

Que céu estrelado!

Que vento gelado batendo no rosto e aquecendo a alma!

Parecia que eu estava revivendo a minha infância.

Cada lugar que eu visitava, cada sabor novo que eu provava, parecia que me lembrava das festas que eu fazia.

Dos momentos incríveis que eu proporcionava para os meus clientes.

Sempre pensando na emoção.

Sempre pensando no que eles iriam sentir.

O Atacama é isso, gente.

O Atacama é emoção pura.

O Atacama é o grito da criação divina.

O Atacama é a prova viva de que Deus existe.

E eu,

Eu sou só mais um viajante neste mundo, aprendendo a olhar, a sentir, a viver.

E entendendo que tudo, no final, é sobre isso:

Celebrar.

Sentir.

Emoção.

No Atacama, tem um passeio que mudou a minha vida.

Um passeio astronômico.

Eles montam telescópios gigantes no meio do deserto, debaixo do céu mais limpo que eu já vi na vida.

E ali, no silêncio da noite, eles te contam as histórias das estrelas, do cosmos, das constelações.

Eu, Felipe Barbosa, ali, parado, olhando pro céu, ouvindo aquelas histórias antigas como se fossem feitas só pra mim.

Eu não sei explicar, gente.

Aquilo me atravessou de um jeito.

Me conectou de um jeito que eu não consigo colocar em palavras.

Meus olhos brilhavam.

Eu queria saber de tudo, queria entender como aquelas estrelas formavam desenhos no céu, como elas contavam a história da humanidade.

E foi aí que eu descobri a constelação do signo de Áries.

Gravem isso, tá?

Áries.

É o meu signo.

E parece que naquele momento, eu entendi:

O céu estava me chamando.

O universo estava me dizendo:

"Felipe, você não está aqui à toa."

Os passeios no Atacama eram assim:

Vinho, comida boa, atendimento impecável, pessoas acolhedoras.

Tudo tão bem feito, tão organizado, tão gourmetizado, que eu me perguntava:

"Meu Deus, por que o mercado de eventos não é assim?"

Por que no turismo as pessoas estudam, entendem de gente, criam experiências sensoriais, e no mercado de eventos a gente ainda acha que é só seguir um checklist?

Será que eles estudaram?

Sim, né gente!

Tem graduação para Turismo!

Mas isso,

Isso é assunto para o próximo capítulo.

Vamos voltar pro Atacama.

Lá, no meio desse deserto mágico, eu conheci uma pessoa incrível.

Uma mulher linda, de sorriso sereno, olhar profundo.

E ela morava dentro de uma reserva Inca.

Vocês têm ideia do que é isso?

Eu, Felipe Barbosa, cerimonialista de festas de luxo, acostumado a estar em castelos, em palácios, em hotéis cinco estrelas.

Estava agora dentro um sitio arqueológico com presença Inca.

Não era um castelo, não era um hotel de luxo, não era um salão todo decorado.

Era terra batida, era fogueira, era céu aberto.

E mesmo assim, era tudo tão sagrado.

Gente, eu já conheci muitos castelos nesse mundo.

Já viajei muito, já comprei muito, já vi muita coisa.

Mas quando eu entrei naquela reserva Inca,

Algo acendeu dentro de mim.

Era como se eu tivesse voltado pra casa.

Como se o meu coração dissesse:

"Felipe, você precisava estar aqui."

A linda moça, descendente do povo Inca, começou a me contar sobre as celebrações sagradas deles.

Sobre os rituais de agradecimento.

Sobre os dons que cada pessoa carrega e que são honrados em cada ciclo da vida.

Ela me contou que eles faziam uma cerimônia sagrada para agradecer a Deus por mais um ciclo.

Eles não comemoravam só por comemorar.

Eles agradeciam.

Eles honravam.

Eles sentiam.

E vocês devem imaginar o que eu fiz, né?

Era véspera do meu aniversário.

E eu, que sempre viajei no meu aniversário, que sempre busquei um sentido maior...

Eu pensei:

"Eu preciso viver essa cerimônia sagrada.

Eu preciso entender o que é essa celebração.

Eu preciso sentir. Isso!

Meus amigos ficaram desesperados quando souberam que eu iria sozinho com aquela linda moça para uma celebração sagrada inca. Deixei meu contato de emergência e até meu seguro viagem com eles. Afinal, eu, Felipe Barbosa, um cerimonialista de festas de luxo de Belém, estava prestes a participar de um ritual ancestral em uma reserva inca no meio do deserto do Atacama. Que coisa mais louca!

Ao chegar, ela me explicou como eles celebravam e, mais importante, por que celebravam. A intenção era sempre oferecer nosso dom a serviço do céu. Isso me tocou profundamente. Eu já havia estudado tudo o que compartilhei com vocês até aqui, mas precisava sentir o que era uma celebração além das que eu já fazia.

Foi nesse dia que descobri: eu nasci para celebrar, não apenas para "organizar eventos" na verdade organizador é um celebrante e nem sabe. Naquele momento, honrei todo o universo e, diante daquela moça linda, jurei que faria do mercado de eventos um lugar sagrado, ético, com valores, onde as festas seriam marcos na vida de quem celebra e de quem vive, experiências que transcendem gerações, como as da minha avó Áurea lembram?

Naquele dia, tive acesso ao conhecimento que me faltava: a antropologia, e especificamente ao grande Philippe Ariès. Não é à toa que temos o mesmo nome, e já o citei aqui no livro algumas vezes. Ele diz que festas ou eventos, enfim, já entendemos que tanto faz a palavra, certo? Evento é sobre forma + emoção. Ele fala que a memória gerada perpetua gerações. Vocês entendem meu caso com o Círio?

Foi ali que me encontrei no mundo. Entendi que eu não era uma farsa. O que eu faço não está errado. Alguém já pensou como eu antes. Mas a humanidade... a mente, né gente? É um perigo.

Mas foi lá no Atacama, diante daquela moça, diante do pôr do sol mais lindo que já vi na vida, cercado pelos vulcões Licancabur, Lascar e Sairecabur, que entendi de uma vez por todas minha missão: preciso mostrar que fazer eventos é, acima de tudo, celebrar. Ou melhor, é um ato de curar. Curar o que ninguém vê. Lembram da minha história?

Ou melhor, quando vocês apagam a vela do aniversário, o que pedem? Qual emoção sentem? A foto ou o vídeo registram isso? Não, né gente! É sobre essa emoção genuína que convido vocês a entenderem meu universo.

Bem-vindos ao método: Celebrar é um Ato de Curar, isso você vai ver próximo capítulo.

- CAPÍTULO 9 -

CELEBRAR É UM ATO DE CURAR

Bem, eu precisava mostrar tudo isso para o mercado de uma forma mais simples, mais leve, sem tanta teoria.

Era muita coisa para explicar, muita história, muita dor, muita pesquisa, mas eu precisava tocar o coração das pessoas.

Então eu pensei:

Como mostrar para o mundo que celebrar é, sim, um ato de curar.

Em 2024, eu completava 15 anos de carreira.

15 anos!

É incrível isso, né, gente?

Eu estava debutando — como uma adolescente que chega aos 15 anos cheia de sonhos, cheia de vida.

E aí eu me lembrei da Cinderela.

Lembra?

Ela nunca desejou a coroa.

Ela só queria viver o amor, dançar, ser feliz — e no final, ela mostrou que o bem sempre vence.

Foi então que eu decidi criar uma série no Instagram.

Mostrei minha história, do menino ao adolescente, do adolescente ao adulto, e do adulto ao cerimonialista de luxo.

Mostrei de onde eu vinha até onde eu cheguei.

Mostrei pra vocês a história do Felipe, que vocês já leram até aqui, né gente?

Mas vamos ser sinceros.

Ninguém conhecia com tanta profundidade assim.

A série que eu fiz no Instagram foi legal, foi bonita, deu um buzz.

Mas ainda não passava emoção.

Era vídeo, era foto, era legenda...

Mas não tocava o invisível.

E o que é o invisível?

É aquilo que não se vê, mas se sente.

É a emoção que não cabe numa imagem.

É a lágrima que escorre quando ninguém está gravando.

É o arrepio que não dá pra mostrar no vídeo.

É o abraço que a foto não consegue traduzir.

É o silêncio que fala mais do que qualquer palavra.

Eu sabia que o que eu fazia ia além do Instagram.

Eu sabia que o que eu fazia era mais do que organizar festas.

Eu precisava tocar o invisível.

Eu precisava fazer as pessoas SENTIREM.

E foi isso que eu fiz.

Eu toquei o invisível.

Eu transformei o evento em emoção.

Eu transformei o luxo em essência.

Eu transformei o mercado de eventos em um lugar de cura, de memória, de transcendência.

E é por isso que você está aqui, lendo este livro.

Porque, no fundo, você também sabe:

Evento não é só imagem.

Evento é emoção.

Evento é sentir.

Evento é celebrar.

Evento é curar.

Na verdade, essa era a minha história de conto de fadas real.

O Meu Baile Real: Uma Exposição que Tocou Almas

Mas precisava ter um baile, certo?

Eram 15 anos.

Então, o meu baile real não foi um evento com pista de dança, DJ e vestidos longos.

Foi uma exposição — no shopping mais luxuoso de Belém, na praça central.

Mas adivinha?

Eu não contava sobre mim.

O tema principal era o vestido de casamento da minha mãe.

Lembram do vestido da minha mãe?

Lembram que a minha irmã usou ele?

Lembram que em 1993 ele foi feito inspirado em Lady Di?

Ah, gente...

Esse vestido não era só um vestido.

Era uma homenagem invisível, um tributo silencioso a todas as mulheres fortes e elegantes que marcaram a minha vida.

Esse era o momento de homenagear todas as mulheres que eu admiro.

Minha mãe, minha irmã, Lady Di, e todas as noivas que embalaram o meu próprio conto de fadas.

Porque, no fundo, cada evento que eu criei, cada cerimônia que eu organizei, cada festa que eu idealizei.

Era uma história de amor que eu ajudava a contar.

Cada noiva que passou pela minha vida foi uma personagem única desse conto:

A mulher que sonhou com aquele momento a vida inteira.

A mulher que queria o vestido perfeito, mas tinha medo de ser julgada.

A mulher que chorou escondida antes de entrar na igreja.

A mulher que dançou a primeira dança como se fosse a última.

A mulher que, mesmo rodeada de luxo, sentia luz no olhar de amor do pai, da mãe, do marido, da avó.

E eu.

Eu era o criador dessas memórias.

Eu era o maestro desse espetáculo de emoções.

Eu era o escritor desse capítulo único na vida de cada uma delas.

Lady Di foi um ícone.

Mas cada noiva que eu vi brilhar no altar também foi um ícone.

Cada mulher que eu ajudei a celebrar foi, pra mim, uma princesa do seu próprio reino.

E é por isso que eu digo:

Fazer eventos não é só montar mesa, organizar buffet, fechar contrato.

Fazer eventos é escrever contos de fadas reais.

É eternizar histórias.

É dar vida a sonhos.

É transformar um simples vestido — como o da minha mãe, como o da minha irmã — em símbolo de amor, de memória, de legado.

Esse livro também é pra elas.

Pra todas as mulheres que passaram pelo meu caminho.

Pra todas as noivas que me ensinaram que a estética é linda, mas a emoção é insubstituível.

E que cada festa que eu criei foi, sim, um ato de amor.

Na biografia da exposição, eu escrevi:

"Quando eu era menino, eu olhava para o vestido de casamento da minha mãe e achava ele lindo. Eu fui pajem de casamentos algumas vezes, e sempre me encantei por esse mundo que é regido pelo amor."

E assim nasceu a exposição:

"O Branco que Alimenta a Alma."

Em maio de 2024, na cidade de Belém do Pará.

Eu dediquei essa exposição a 15 noivas emblemáticas da minha história.

Cada uma estava com sua imagem em totens iluminados.

Totens iluminados.

Totens que destacavam o nome da noiva, o nome dela brilhando, como o verdadeiro centro da celebração.

Totens que também iluminavam o nome do estilista, que transformou tecido em poesia.

Totens que valorizavam o fotógrafo, que eternizou o instante, o sorriso, a lágrima, o olhar de amor que ninguém mais viu.

Aquilo foi épico.

Aquilo foi histórico.

Foi o momento em que o mercado de eventos sentiu o que eu queria dizer há anos, mas não conseguia colocar em palavras.

Porque o que eu sempre quis dizer era isso:

Evento não é só estética.

Evento é arte.

Evento é memória.

Evento é legado.

Evento é homenagem.

Evento é um altar para honrar quem cria, quem sente, quem vive, quem eterniza.

Naquele dia, o nome da noiva estava lá, iluminado.

Ela não era só mais uma cliente.

Ela era a estrela.

Era a história viva.

Era a razão de tudo aquilo existir.

O mercado de eventos sentiu.

Sentiu o peso da memória.

Sentiu o valor da homenagem.

Sentiu a verdade que eu sempre quis dizer:

Fazer eventos não é sobre seguir protocolo.

É sobre criar momentos que ficam no coração para sempre.

E aquilo,

Aquilo foi só o começo.

Foi o meu primeiro grito silencioso ao mercado:

Vamos parar de produzir festas vazias e começar a criar celebrações que são atos de amor e cura.

E o vestido da minha mãe?

Ah, ele estava no centro, todo iluminado, protegido por uma redoma.

Era a minha forma de dizer:

"Mãe, eu te honro. Eu sempre te honrarei. Obrigado por tudo."

No meio da exposição, tinha uma artista muito conhecida:

Aline Folha, que ilustrou a capa deste livro.

Eu não queria só fotos.

Eu queria uma pintura viva daquele momento.

E assim foi: ao vivo, ela pintava, e as pessoas paravam para assistir – elas sentiam.

Violinos tocavam ao fundo.

Taças de espumante tilintavam.

Mais de 200 convidados circulavam, emocionados.

E a exposição?

Era para ficar 15 dias em exibição.

Mas gerou um impacto emocional tão grande que o shopping pediu para estender por mais um mês.

A Certeza que Eu Nunca Estava Errado

Aquilo ali foi a minha prova viva.

A certeza de que eu nunca pensei errado.

Todo mundo se perguntava:

"Como ele conseguiu montar tudo isso?

15 noivas, o vestido da mãe, a exposição 'O Branco que Alimenta a Alma'."

É simples, gente:

Eu apenas deixei o meu coração falar.

Eu não pensei só na estética.

Eu pensei na emoção.

Eu pensei na história.

Eu pensei em curar através da celebração.

Com aquela exposição, eu queria dizer:

Celebrar é um ato de curar.

Mas,

Muita gente ainda não entendeu

Foi então, ainda no mesmo mês de maio, que eu dei voz ao meu chamado, à minha missão, e criei um método:

Celebrar é um Ato de Curar.

Mas se eu colocasse esse título logo na capa do livro, talvez você nem tivesse chegado até aqui.

Eu sei disso.

Por isso, em maio de 2024, eu subi em um palco e dei a minha primeira palestra:

"Por que fazemos eventos?"

Em 1 hora e 20 minutos, eu consegui traduzir tudo isso que você acabou de ler aqui — em emoção pura.

Mostrei experiências reais, não só da minha vida, mas da vida das pessoas.

Mostrei que evento é sobre sentir, é sobre viver, é sobre curar.

Foi então que eu escutei, mais uma vez, a voz do meu chamado:

"Felipe, esse aprendizado não pode morrer em você."

Mas e agora?

As pós-graduações que existem no mercado de eventos só falam de luxo, marketing, capitalismo desenfreado.

Ninguém fala de tudo isso que eu estudei todos esses anos:

- *Filosofia*
- *Literatura*
- *Teologia*
- *Antropologia*
- *Ética e protocolo*
- *Democracia*
- *Neurociência*
- *Inteligência emocional*
- *Técnica de aprendizado.*

Ninguém.

Então eu comecei a dar mentorias, cursos, palestras.

Comecei a publicar artigos.

E, se Deus quiser, no futuro eu terei um PhD em eventos — ou melhor, PhD em celebrar.

Porque evento, gente, é só uma palavra.

O que move o mundo, o que transforma vidas, o que atravessa gerações, o que cura feridas, o que conecta almas — são e sempre serão as emoções.

Este livro é a prova viva disso.

E eu quero dizer agora, olhando nos teus olhos, se você é um profissional de eventos e chegou até aqui:

Nunca duvide do seu valor.

Você é grandioso.

Eu vou lutar até o último dia da minha vida para que a nossa atividade seja reconhecida como uma profissão.

Para que o nosso trabalho seja visto como ele é: um ofício sagrado, que cria memórias, constrói legados e conecta emoções.

Eu vou lutar para que o mercado de eventos seja, de fato, um mercado de eventos —

Um mercado com:

Estética. Emoção.

Ética.

E, acima de tudo, emoção genuína, que atravessa gerações e ultrapassa o tempo.

Porque Celebrar é um Ato de Curar.

Celebrar é um ato de resistência da humanidade.

- CAPÍTULO FINAL -

"SIM. ESTE LIVRO É UM EVENTO"

(Experiência imersiva: coloque os fones de ouvido e ouça " A Million Dreams" instrumental)

Sim, este livro é um evento.

Mas não qualquer evento.

Ele não teve data marcada, nem dresscode, nem buffet assinado. Ele aconteceu no silêncio de uma página virada. No arrepio da pele ao ler um trecho que parecia ter sido escrito para você. No choro contido entre as vírgulas. Na gargalhada solta ao se reconhecer em alguma dor, ou em alguma cura.

Este livro é um evento porque te emocionou.

E o que é um evento, senão a experiência de viver algo que não se repete?

Eu poderia ter feito um livro cheio de fotos deslumbrantes. Uma capa de couro em tom cobre, ou uma folha de ouro gravada com o meu nome em alto-relevo. Poderia ter impresso páginas grossas, com cheiro de verniz, e imagens que saltam aos olhos como vitrines de um shopping de luxo.

Mas não.

Este não seria o livro que eu queria te entregar.

Eu queria te entregar uma experiência.

E talvez você esteja aí, com os fones nos ouvidos, ouvindo a música que pedi: A Million Dreams. Talvez nem saiba por quê... mas algo em você entende. Porque o som toca partes que nenhuma palavra alcança.

Este livro foi escrito para te fazer SENTIR.

E sentir é mais importante do que ver.

Não me importa se você vai lembrar de cada linha, cada teoria, cada referência que eu citei. O que me importa é o que você sentiu ao ler. É o que despertou em você. É o que te fez parar para respirar fundo no meio do dia e olhar para o céu.

Aliás, olhe agora.

Isso mesmo, levante os olhos.

Veja como o céu de hoje não se repete.

Veja as nuvens — cada uma com uma forma, um tempo, um destino.

Veja que nenhuma é igual à outra.

Assim como nós.

Somos movimento.

Somos instante.

Somos presença viva dentro de um universo que pulsa.

E é por isso que este livro não foi feito para ser só bonito. Foi feito para ser verdade.

E a verdade nem sempre brilha. Às vezes, ela é densa como uma nuvem antes da chuva.

Mas ela rega.

Ela faz nascer.

Ela cura.

Você pode até guardar este livro na estante, fechá-lo com carinho e seguir a vida.

Mas algo em você — algo que foi tocado aqui dentro — vai continuar pulsando.

Talvez seja uma lembrança.

Talvez seja um sonho antigo que você deixou para depois.

Talvez seja aquela vontade de viver com mais coragem, com mais verdade, com mais propósito.

Talvez você, como eu, tenha lembrado de quando apagava as velinhas do bolo e fazia um pedido em silêncio.

Lembra?

Você fazia isso com esperança.

Com fé.

Com olhos fechados e coração aberto.

Por que parou?

Quem te convenceu de que sonhar era coisa de criança?

Quem te ensinou que crescer é desistir?

Quem te fez acreditar que emoção é fraqueza?

Esqueça isso.

Porque você é o maior evento que esse mundo já viu.

Sim, você.

Não o casamento luxuoso. Não a premiação internacional. Não o congresso lotado.

Você — com a sua dor, sua luz, sua sombra e seus sonhos.

Você, que ainda insiste em amar.

Que ainda quer mudar alguma coisa.

Que ainda acredita que viver vale a pena.

Você é raro.

Você é infinito em movimento.

Você é o evento.

E este livro só existe porque você existe.

Cada centavo que você investiu aqui foi transformado em doação para o projeto Para Solidário, na Amazônia. Você ajudou crianças e senhoras a sonharem também.

Você não comprou um livro — você fez parte de uma celebração.

E a celebração mais bonita que existe é a da vida.

Portanto, quando este livro acabar — e ele está terminando —, não feche os olhos.

Feche a página.

Mas continue sonhando.

"I think of what the world could be... a vision of the one I see."

A million dreams is all it's gonna take.

A million dreams for the world we're gonna make.

Você ouviu?

Então agora, respire.

Olhe para o céu mais uma vez.

E lembre-se:

A vida não é uma sequência de dias.

É uma coleção de eventos.

E o mais importante deles...

É você.

Quero finalizar com uma reflexão para você guardar no coração:

O grande evento da sua história já aconteceu.

Ele não foi um casamento, uma festa, um batizado ou uma formatura.

O grande evento da sua vida foi o seu nascimento.

Foi quando você chegou a este mundo carregando o milagre da existência, com um coração que começou a pulsar antes mesmo de você entender o que era amor,

com olhos que ainda não haviam visto,

com uma mente que ainda não sabia pensar,

mas com uma alma que já sabia sentir.

A sua vida é única, incomparável, incopiável.

Não existe uma outra história como a sua no universo inteiro.

E não importa o que te fizeram acreditar,

a sua vida é um evento sagrado,

é a festa mais linda que já foi celebrada,

é a obra mais preciosa que o criador poderia fez.

Este livro que você tem em mãos não é um modelo para você copiar.

Ele é apenas uma inspiração,

um lembrete de que você pode — e deve — escrever a sua própria história.

Aqui, eu compartilho a minha jornada, os meus desafios, as minhas quedas e as minhas vitórias,

mas o livro mais importante da sua vida é aquele que você vai escrever com as suas próprias mãos,

com as suas lágrimas, os seus sorrisos, os seus medos, os seus amores.

Eu amo você.

Eu te admiro.

E eu te respeito.

Obrigado por estar aqui, por ler estas palavras, por existir.

Que você nunca se esqueça: o grande evento da sua história já aconteceu.

É a sua vida, e ela continua agora, neste exato momento.

Celebre.

Viva.

Sinta.

Construa.

E seja luz para o mundo.

REFERÊNCIAS

LEWIS-WILLIAMS, David. **A Mente na Caverna**: Consciência e os Origens da Arte. São Paulo: Companhia das Letras, 2005.

Aborda como a consciência humana, no período pré-histórico, começou a se manifestar em rituais e artes, conectando emoção, espiritualidade e coletividade.

CLARK, G. World Prehistory: *In*: **New Perspective**. Cambridge: Cambridge University Press, 1977.

Um clássico sobre a transição do Paleolítico para o Neolítico, mostrando o surgimento da agricultura, das primeiras aldeias e rituais.

DURKHEIM, É. **As Formas Elementares da Vida Religiosa**. São Paulo: Martins Fontes, 1996.

Defende que a religião e os rituais nasceram como formas de coesão social, a partir das emoções coletivas despertadas pelo desconhecido.

TURNER, V. **O Processo Ritual**: Estrutura e Antiestrutura. Petrópolis: Vozes, 1974.

Mostra como os rituais foram, desde sempre, processos de transformação, passagem e cura coletiva.

CHILDE, V. G. **O que Aconteceu na História**. Rio de Janeiro: Zahar, 1980.

Um estudo fundamental sobre o Neolítico como a Revolução Agrícola, marco da transição humana para a vida sedentária, e o surgimento de celebrações ligadas à natureza e à abundância.

MORIN, E. **O Método 5**: A Humanidade da Humanidade. Porto Alegre: Sulina, 2003.

Reflete sobre a origem das emoções, das crenças e do sentido de pertencimento que levou os seres humanos a criar rituais, festas e celebrações.

LEONARD, J. **The Pyramids**: The Mystery, Culture, and Science of Egypt's Great Monuments.

BEARD, Mary. **SPQR**: A History of Ancient Rome.

DURKHEIM, Émile. **As Formas Elementares da Vida Religiosa**.

KEMP, Barry. **The Ancient Egyptians**: A Sourcebook of Their Writings, History, and Culture.

MORIN, Edgar. **O Método 5**: A Humanidade da Humanidade.

PHILLIPS, Charles. **Casamentos Reais**: História, Ritos e Cerimônias.

DURKHEIM, Émile. **As Formas Elementares da Vida Religiosa**.

TURNER, Victor. **O Processo Ritual**.

FISCHER, David Hackett. **Vestidos de Noiva**: História e Cultura

DURKHEIM, Émile. **As Formas Elementares da Vida Religiosa**. São Paulo: Martins Fontes, 1996.

Durkheim explica como os rituais e celebrações são fundamentais para criar coesão social e reforçar valores coletivos.

TURNER, Victor. **O Processo Ritual**: Estrutura e Antiestrutura. Petrópolis: Vozes, 1974.

Turner mostra como os rituais marcam transições sociais, mas também podem ser usados como ferramentas de poder e controle.

GEERTZ, Clifford. **A Interpretação das Culturas**. Rio de Janeiro: LTC, 1989.

Geertz trata os eventos e rituais como "teatros sociais" — cenários onde o poder e a cultura são encenados para a plateia.

BAUMAN, Zygmunt. **Modernidade Líquida**. Rio de Janeiro: Zahar, 2001.

Bauman fala da superficialidade dos eventos na sociedade contemporânea e como o consumo esvaziou o sentido de celebração.

DEBORD, Guy. **A Sociedade do Espetáculo**. Rio de Janeiro: Contraponto, 1997.

Um clássico para entender como a política e o poder transformam tudo em espetáculo, esvaziando a emoção real.

CHILDE, V. Gordon. **O que Aconteceu na História**. Rio de Janeiro: Zahar, 1980.

Fundamenta a transição da Idade da Pedra para a Era dos Metais e o surgimento dos grandes eventos como símbolos de poder.

PHILLIPS, Charles. **Casamentos Reais**: História, Ritos e Cerimônias. Londres: DK, 2011.

Mostra como os casamentos reais sempre foram usados para reforçar o poder das monarquias.

MORIN, Edgar. **O Método 5**: A Humanidade da Humanidade. Porto Alegre: Sulina, 2003.

Reflete sobre a necessidade humana de celebrar, de marcar a vida com ritos e de se emocionar para se sentir vivo.

Mentes Inquietas: TDAH – Desatenção, Hiperatividade e Impulsividade (2003)

Mentes Perigosas: O Psicopata Mora ao Lado (2008)

Mentes Ansiosas: Medo e Ansiedade Além dos Limites (2011)

Mentes Depressivas: As Três Dimensões da Doença do Século (2016)

Felicidade: Ciência e Prática para uma Vida Feliz (2022)

Para Entender o Caibalion: A Vivência da Filosofia Hermética e sua Prática nos Dias de Hoje (2021)

A Lógica e a Inteligência da Vida: Reflexões Filosóficas para Começar Bem o Seu Dia (2020)

Uttara Gita: A Busca e a Conquista da Unidade e o Caminho para a Libertação Espiritual

O Aroma do Lótus: Pequenos Pensamentos Reunidos

Emoções: A Inteligência Emocional na Prática (2015)

21 Chaves para a Realização Pessoal: Descubra a Sua Missão Utilizando a Inteligência Emocional (2015)

Riqueza Emocional: Desvendando o Mundo Invisível das Pessoas Prósperas e Felizes (2020)

"Eventos: Como Criar, Estruturar e Captar Recursos" – Ana Claudia Gruszynski

Este livro aborda as etapas de planejamento e execução de eventos, oferecendo insights sobre a captação de recursos e a importância da comunicação eficaz.

"Organização de Eventos: Teoria e Prática" – José Carlos Marques

Uma obra que explora os fundamentos teóricos e práticos da organização de eventos, destacando a relevância da mídia na promoção e cobertura dos mesmos.

"Midialização: O Poder da Mídia" – Maria Immacolata Vassallo de Lopes

Este livro analisa como a mídia influencia a sociedade contemporânea, incluindo o impacto na percepção e valorização de eventos públicos e privados.